AMBRA | V

Buchreihe der Universität für angewandte Kunst Wien
Herausgegeben von Gerald Bast, Rektor

edıtıon: ˈʌngewʌndtə

Jan Svenungsson, Michael Schneider, Herwig Tachezi (Hrsg.)

Alte MEISTER Junge MEISTER

GALERIE HOCHDRUCK

AMBRA | V

Index

Alte MEISTER Junge MEISTER

Jan Svenungsson

–

„No Man is an Island“

Ein Künstler ist nie allein im Atelier. Wir arbeiten immer in gewissem Bezug auf das, was vor uns von Anderen gestaltet wurde und auf das, was rund um uns gemacht wird. Wir werden von anderen Künstlerinnen und Künstlern inspiriert – oder wir reagieren dagegen. Wir lernen aus den Methoden, die sie verwenden, und wir sagen uns : „Das könnte ich auch tun“ oder „Auf diese Weise würde es doch besser gehen“ oder „Das ist mir wirklich nicht möglich; ich kann es nur auf meine Art tun“.

Diese Art von Dialog kann ganz unbewusst sein. Manchmal bin ich fest davon überzeugt, dass meine Idee neu ist, während sie in Wirklichkeit doch viel mit einem Gedanken zu tun hat, mit dem ich irgendwo in einer Ausstellung konfrontiert worden bin – ohne dass ich damals viel darüber nachgedacht hätte. Ein Dialog muss nicht direkt sein: vielleicht kommt mir beim Malen eine Vorstellung von Farbe, einer Farbe, die ich einmal in einem Bild gesehen habe – und die in meiner Erinnerung viel schöner geworden ist als im Original. So kann der Auslöser für eine neue Arbeit etwas sehr Flüchtiges sein: der Versuch, eine vage Empfindung festzuhalten oder zu rekonstituieren. Oder ich versuche einfach, einem Gedanken Form zu geben, einem Gedanken, den ich nicht in eigene Worte fassen kann.

Bei anderen Gelegenheiten arbeiten wir KünstlerInnen sehr bewusst mit Bezug zu Bildern Anderer. Die Entwicklung der jungen KünstlerInnen fängt mit der Lust am Nachmachen an: ähnlich schön zu arbeiten wie die Vorbilder. Bald wird das Nachmachen von komplexeren Gefühlen problematisiert. Wir wollen ja auch „Neues“ machen. Das muss etwas anderes sein, als das Nachbilden der Vorbilder. Hätten wir aber keine Vorbilder, wäre es nicht möglich, das Neue zu definieren und zu erkennen. Ein Dialog kann auch kritisch sein.

Was mich selbst betrifft, arbeite ich häufig mit dem Kopieren *eigener* Bilder und habe dabei festgestellt, dass die Kopie natürlich zu einem neuen Original wird. Es gibt hier keinen Widerspruch. Beim Kopieren und Übersetzen bringe ich viel Neues in das neue Bild ein. Ich lege meine Zeit, Leidenschaft – und Idee – in das Bild, das wird man spüren können.

Der Dialog zwischen mir und den Anderen – zwischen Neu und Alt – könnte auch so aussehen: ich nehme einfach die Arbeit der Anderen als Frage und versuche meine eigene als Antwort zu gestalten. Oder umgekehrt: meine Arbeit ist die Frage und jetzt werde ich beim Anderen eine Antwort suchen.

Im Interesse von unterschiedlichen Dialogformen zwischen Künstlerinnen und Künstlern, die über Jahrhunderte hinweg geführt werden sollen, hat Herwig Tachezi mit seiner Galerie Hochdruck diese Ausstellung mit Arbeiten Alter Meister und junger „Meister“ aus der Klasse für Grafik und Druckgrafik

PROFESSOR, LEITER DER ABTEILUNG FÜR GRAFIK | DRUCKGRAFIK
UNIVERSITÄT FÜR ANGEWANDTE KUNST WIEN

der Universität für angewandte Kunst Wien initiiert. Sehr großzügig hat er eine Auswahl von Druckgrafiken und gedruckten Bildern in verschiedenen Techniken und aus verschiedenen Perioden zur Verfügung gestellt. Durch diese Sammlung bot er uns KünstlerInnen aus viel jüngeren Generationen die Suche nach Fragen oder Antworten. Individuell haben wir uns für unsere jeweiligen Vorgehensweisen entschieden. Wir haben uns die alten Bilder als Modelle oder Spiegel ausgewählt, oder sie als Zündfunken für die eigene Fantasie genutzt oder sie einfach als flüchtige Empfindungen wahrgenommen.

Alles, was wir jetzt gestaltet haben, steht auf unterschiedliche Weise mit den Bildern unserer älteren KollegInnen in Verbindung – und gleichzeitig ist es von Willkür, Voraussetzungen und Inspirationen geprägt, die unser heutiges Schaffen beeinflussen. Alles ist anders und vieles ist ähnlich. Ich bin sicher, dass die Alten Meister uns verstanden hätten. Im Grunde sind sie – in ihren Leben – mit den gleichen Impulsen umgegangen wie wir.

Das Titelzitat „No Man is an Island“ (Niemand ist eine Insel) stammt von Meditation XVII, in: *From Devotions upon Emergent Occasions*, by John Donne (1623)

Herwig Tachezi

–

Alte Meister – Junge Meister!

Die Idee zum Projekt „Old Masters – Young Masters" wurde im Herbst 2012 aus dem Bestreben geboren, einer Auswahl älterer grafischer Meisterblätter aus dem Inventar der Galerie Hochdruck Wien ein zeitgenössisches Pendant gegenüberzustellen und in einer Ausstellung zu präsentieren. Erfreulicherweise sagten sowohl Jan Svenungsson – seit 2011 Leiter der Abteilung Grafik | Druckgrafik an der Universität für angewandte Kunst Wien, als auch Michael Schneider – inzwischen habilitierter Senior Artist an der selben Abteilung, nicht nur ihre Mitarbeit spontan zu, sondern führten auch die mitwirkenden Studierenden auf Seiten der Universität durch das Projekt und steuerten eigene Arbeiten bei. Es übertraf im Übrigen alle Erwartungen, dass nach einer Phase des gegenseitigen Kennenlernens, die sich über Frühling und Sommer 2013 erstreckte und in einen „heißen" Arbeitsherbst mündete, insgesamt 19 Studierende eigene Werke präsentierten.

Die Idee zur Ausstellung war einfach und könnte unter dem Motto von Jean Gebser „Etwas Neues kann man nur finden, wenn man das Alte kennt"[1] gestanden sein. Im April 2013 wurden die potenziellen TeilnehmerInnen erstmals mit ca. 70 „Altmeister"-Blättern[2] unterschiedlicher Genres konfrontiert. Vom Buchholzschnitt des 15. Jahrhunderts über einen aus acht Platten zusammengesetzten Riesenholzschnitt von Hans Burgkmair, Blätter von Dürer, Cranach und Baldung, Clair-obscur-Holzschnitten des italienischen Manierismus bis zu japanischen Farbholzschnitten, Karikaturen von Daumier und sogar alten Spielkarten konnten alle Teilnehmenden „ihr" Referenzblatt auswählen, um sich davon im weitesten Sinne zu einem eigenen Werk inspirieren zu lassen. Bei der Zusammenstellung der alten Blätter zeigte sich bald, dass der eher als kunstgeschichtlicher oder im Kunsthandel verankerte Begriff des „Altmeister-Blattes" im Kopf junger KünstlerInnen durchaus auch mit dem frühen 20. Jahrhundert in Verbindung gebracht werden kann. Dies – am Rande bemerkt – ein signifikantes Anzeichen für eine zunehmende Beschleunigung bei der Verfrachtung dessen, was eben noch als modern galt, in die Sphäre des Musealen, also „Alten". Trotzdem haben wir bewusst das 20. Jahrhundert ausgenommen, aber sowohl eine Erweiterung des „Altmeister"-Begriffes in Richtung des 19. Jahrhunderts (Daumier, Goya), als auch eine Erweiterung reiner Künstlergrafik um gebrauchsgrafische Arbeiten mit einem gewissen ästhetischen Anspruch, z. B. Pflanzenabbildungen (bei Mattioli), physiologische Darstellungen (bei Lavater), Buchtitelgestaltungen (z. B. von Holbein), Landkarten oder auch historische Spielkarten zugelassen.

Die zur Auswahl stehenden Blätter erfuhren zunächst eine rein ästhetische Begutachtung, quasi als Ausstellungsrundgang ohne erklärende Texte. Daraufhin entstand meistens ein Dialog, bei dem auf der einen Seite aktuelle Interessen und künstlerische Tätigkeitsschwerpunkte der Teilnehmenden zur Sprache kamen, andererseits die alten Blätter einer eingehenden Analyse auf formaler, technischer, ikonografischer und historisch-kontextueller Ebene unterzogen wurden. Aktuelle Bezüge zur eigenen Situation herzustellen war ausdrücklich erwünscht, egal ob sich das auf die bevorzugte Technik, Vorlieben für historische Epochen oder inhaltliche Aspekte bezog. Die Teilnehmenden hatten absolute Freiheit in der Wahl des Blattes, mit dem sie sich näher beschäftigen wollten und zu dem sie in dem zu schaffenden eigenen Werk in Dialog treten sollten. Ob das Ergebnis dieses Dialoges nahe an der Referenz bleiben oder weit davon wegführen würde, war kein Kriterium, ebenso wenig unterlagen die neuen Arbeiten einer weiteren Auswahl oder „Zensur", sondern wurden so akzeptiert, wie sie am Schluss in der Ausstellung zu sehen waren. Es gab also keinen „Überschuss" – höchstens technische Verfeinerung. Ebenso frei waren die Teilnehmenden in der Wahl der Techniken, solange sich diese unter dem Sammelbegriff „Grafik" subsummieren ließen.

Das Projekt sollte also in keiner Weise als rein didaktische Fingerübung gesehen werden, sondern als Versuch, zeitgenössische künstlerische Produktion anhand historischer Vor- oder auch Nichtvorbilder intellektuell zu hinterfragen, diesen Prozess aber am Ende in eine rein künstlerische Formulierung einmünden zu lassen.

In zwei Fällen gab es den umgekehrten Weg, wo zu bereits existierenden Arbeiten korrespondierende Objekte aus dem Bestand der Galerie ausgewählt wurden[3]. In anderen Fällen gingen Galerie und KünstlerIn nach gegenseitiger Erkundung der Interessenslage aufeinander zu, insofern, als Blätter gesucht (und schließlich auch gefunden) wurden, die einen gemeinsamen oder doch aufeinander bezogenen Ansatz in der künstlerischen Problemstellung bei „jung" und „alt" erkennen ließen. So im Falle von Simon Goritschnig, der sich zum gegebenen Zeitpunkt in dem Mobile „Der Archivar 1" (dem der „Archivar 2" in der Ausstellung „Old Masters – Young Masters" folgen sollte) mit dem Menschen als „Archiv", als einer „Liste von Daten" oder einer „Schale voller flüchtiger Eigenschaften" beschäftigt hatte. Eine Art Fragmentierung des Menschen war in ähnlicher Weise Gegenstand oder vielleicht auch Folge von Johann Kaspar Lavaters Mutmaßungen über einen Zusammenhang zwischen Physiognomie und Charaktereigenschaften. Die Illustrationen zu dessen nachgelassenen „Hundert physiognomische Regeln" von 1802 fügen sich jedenfalls in Goritschnigs Installation ein, als wären sie ein Bestandteil davon, ohne dass letzterer direkt auf das Buch Bezug hätte nehmen müssen.

Mit Louis Szapary waren zuerst die verschiedenen Arten historischer Gestaltungsmöglichkeiten von Triumphzügen besprochen worden, ohne dass sich damals entsprechendes Bildmaterial in der Galerie befunden hätte. Szapary wartete auch gar nicht erst das Eintreffen geeigneter Beispiele ab, sondern lieferte seine sarkastische Talentprobe in erstaunlichem Gleichklang mit den später gefundenen Blättern zum grotesken Festaufzug „Combat à la Barrière“ von Jacques Callot.

Ihrem Interesse für Bäume konnte Nora Eckhart mit der eigens für sie angeschafften und das Galerieinventar bereichernden Landschaftsradierung von Jacob van Ruisdael frönen, so wie auch die zur Erweiterung des von Benjamin Nachtigall gewählten Themenkomplexes von „Familie“ und „Täterschaft“ (ursprünglich zum „Bethlehemitischen Kindermord“ von John Baptist Jackson nach Tintoretto) gefundene Goya-Radierung „Disparate matrimonial“ aus der späten und hochkomplexen Grafikserie „Disparates“ für eine wünschenswerte Ausweitung des Galeriekernrepertoires sorgte.

Diese Beispiele sollen zeigen, dass das Projekt von Anfang an nicht als „Einbahnstraße“ geplant, sondern gegenseitige Bereicherung und „Wertschöpfung“ im besten Sinn des Wortes Ziel des Unternehmens war.

Den klassischen Drucktechniken Holzschnitt, Kupferstich, Radierung und Lithographie gegenüber haben die Teilnehmenden erstaunlichen Einfallsreichtum bewiesen. So bot die Ausstellung am Schluss nicht nur bemerkenswerte inhaltliche Metamorphosen, sondern auch eine fast enzyklopädische Schau grafischer Techniken. Zu den zuerst genannten traten durch die neuen Arbeiten Siebdruck, Holzflachdruck, Farbpolymerhochdruck, Kaltnadel auf Vinyl bzw. Tetrapak, Monotypie, Wandschnitt, Linolschnitt, Zeichnung und Computergrafik.

Das große Publikumsinteresse zeigt, dass Grafik, trotz wiederholter Versuche, sie für tot zu erklären, höchst lebendig ist und eben genau das, was sie schon immer war: das Medium, in dem KünstlerInnen ihre persönlichsten und experimentellsten Formulierungen in quasi „kammermusikalischer“ Weise treffen können, wobei auch schon einmal mediale Revolutionen vom Zaun gebrochen wurden.

[1] Jean Gebser: Ursprung und Gegenwart, München 1949 – 1953

[2] Zum Altmeister-Begriff siehe den zweiten Teil „Alte Meister – Junge Meister?“ dieses Artikels

[3] Dies geschah einmal im Falle eines Farbholzschnittes von Renata Darabant nach japanischem Vorbild, bei dem die Darstellung des Himmels zum zentralen Motiv gerät. Ihm zur Seite wurde das Blatt von Hiroshige aus dem Zyklus „Sammlung von berühmten Ansichten aus mehr als 60 Provinzen“ gestellt, wo in der Bucht von Tsushima ein Regenbogen aufgeht (siehe Kat. Nr. 16). Im anderen Fall ließ sich Christa Knott von Google Maps zu einem Radierzyklus inspirieren. Dieser erhielt als Pendant den Renaissance-Bestseller „Von den Erfindern der ding“ des Polydorus Vergilius Urbinas. Das zuerst 1499 auf Lateinisch erschienene und bald in fünf Sprachen übersetzte Buch wurde in einer Augsburger Edition von 1544 reich mit Holzschnitten geschmückt. Aufgeschlagen wurde die Seite mit dem Kapitel über die Erfindung der Kartografie (siehe Kat. Nr. 13).

6 S. 45

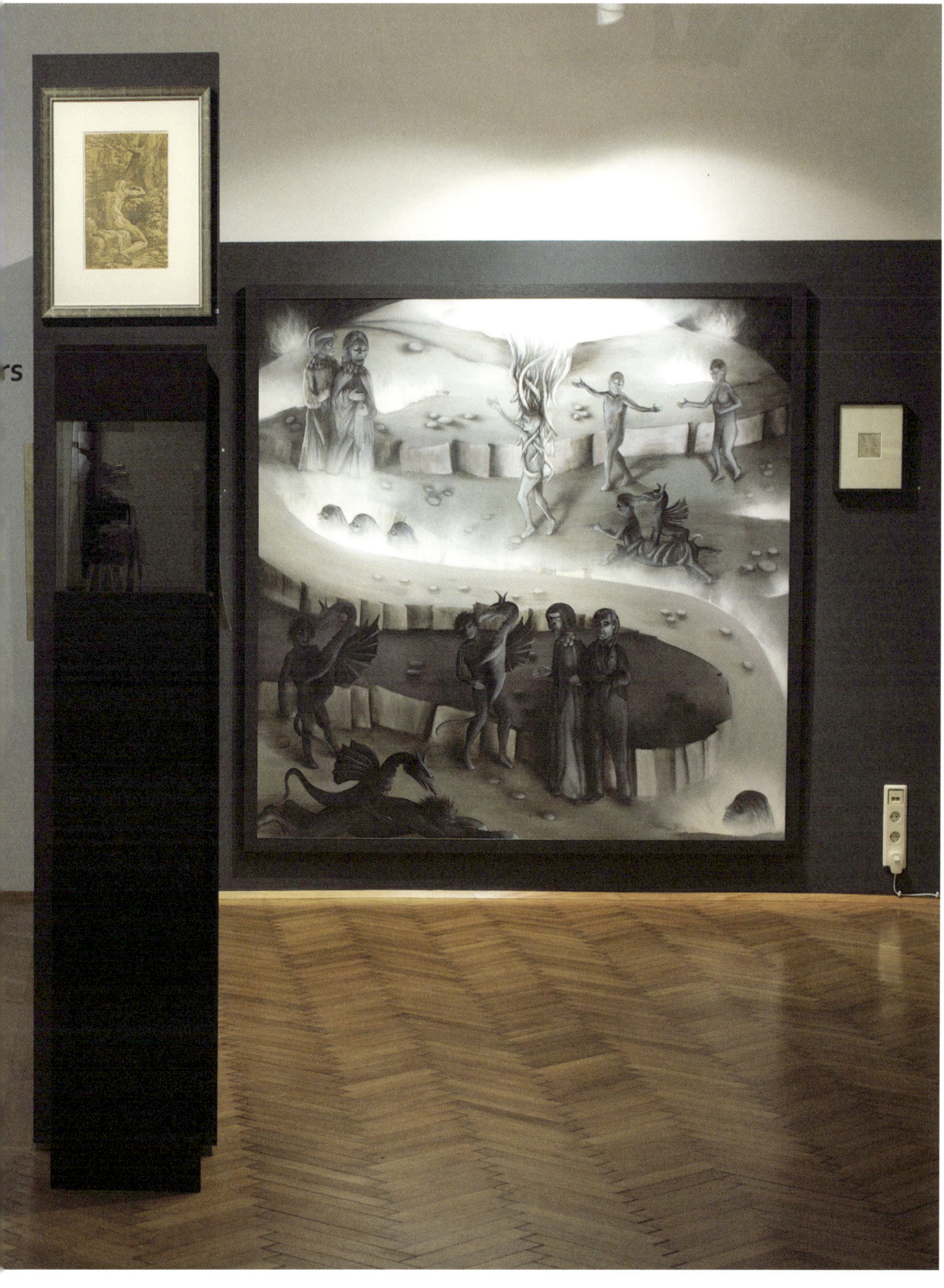

6 S. 46

8 S. 54

8 S. 53

Alte Meister – Junge Meister?

„Alle diese Gemälde sind großartig, aber kein einziges ist vollkommen“, zitiert in Thomas Bernhards Roman „Alte Meister“[4] der Saaldiener Irrsiegler den Musikkritiker Reger, zu dessen Sprachrohr er im Laufe ihrer dreißigjährigen Bekanntschaft geworden ist, denn „Irrsiegler hat schon eine sehr hohe Meisterschaft im Aneignen der Regerschen Sätze erreicht“. Über Reger selber heißt es, er sei „kein gewöhnlicher Schreiber, kein Schwätzer, ein Musikwissenschaftler im eigentlichen Sinne des Wortes und mit dem ganzen Ernst einer großen Persönlichkeit.“

Typisch ironisch pointiert berührt Bernhard hier in aller Knappheit und abseits aller historischen Konnotationen wesentliche Punkte in Bezug auf Meisterschaft vs. kritiklosem Epigonentum: Erstens muss ein Meister seines Faches nicht vollkommen sein, vielmehr lässt es auf Unsicherheit im Urteil schließen, wenn man ihm Unfehlbarkeit zuschreibt und Meisterschaft einerseits mit Virtuosentum andererseits mit Allmacht verwechselt. In diesem Sinn ist die getreueste, mit der Aufgabe der eigenen Persönlichkeit verbundene Nachahmung dem Streben nach Meisterschaft diametral entgegengesetzt, während wahre Meisterschaft eine entwickelte Persönlichkeit und die Fähigkeit, unabhängige Entscheidungen zu treffen, voraussetzt. Außerdem kann man Meister auf jedem Gebiet sein, ist doch der Reger der Bernhardschen „Alten Meister“ selbst ein Meister, wenn auch nicht als ausübender Künstler, so doch in seiner Eigenschaft als glänzender Beobachter. „Meisterschaft“ hat also nicht zwingend mit „Künstlertum“ zu tun.

Was sich am Kunstmarkt, zumindest auf die Grafik bezogen, als „Alter Meister“ hoher Wertschätzung erfreut, lässt nach gängiger Meinung eher an schwindelerregende Summen denken, die für (dem Normalsterblichen bestenfalls im Museum zugängliche) Kunstwerke bezahlt werden, um für unbestimmte Zeit in wohlgehütete Privatarchive zu wandern. Hier muss man aber wieder die Begriffe „Wertschätzung“ und „Meisterschaft“ und deren wechselvolle Beziehungen trennen, da erstere durchaus dem Wandel von Zeitgeschmack und Moden unterworfen ist. Fixsterne wie Rembrandt oder Dürer stehen dabei neben dem Usus, das 19. Jahrhundert von den höheren Weihen, die mit dem Begriff „Altmeistergrafik“ verbunden sind, fast gänzlich auszuschließen.

Vielleicht haben diese Weihen ja auch mit denen zu tun, die man traditionellerweise am Ende der Lehrzeit erhielt und die als Bestätigung dafür galten, dass man nunmehr – mit dem Meistertitel ausgestattet – das Gelernte an die nächste Generation weitergeben durfte. „Meisterlich“ in diesem Sinne wäre also, was in der Generationenfolge wert ist, weitergegeben zu werden. Es blieb hingegen dem ausgehenden 20. Jahrhundert vorbehalten, ein Wort wie „Aufstiegsfortbildungsförderungsgesetz“ zu kreieren, ein Wort, das im mittelalterlichen, zünftig organisierten

Einleitung Teil 2

Meister-Gesellen-Verhältnis wohl eher als Fremdkörper empfunden worden wäre. Ob ein „Master of Arts“ mehr Verständnis gefunden hätte, ist fraglich, jedenfalls hätte er etwas ganz anderes bedeutet als heute, da die auf die Antike zurückgehenden „artes liberales“ genau das Gegenteil von dem bezeichneten, was man sich durch handwerkliche Ausbildung in Hinblick auf künftigen Broterwerb aneignen konnte. Mit unserem heutigen Kunstbegriff hatten sie nichts zu tun, da es sich bei Grammatik, Rhetorik, Dialektik, Arithmetik, Geometrie, Musik und Astronomie um die vorbereitenden Fächer zu einem wissenschaftlichen Studium handelte.

Im Mittelalter war das, was heute als höchste Kunst gilt, Handwerk, dagegen trat der Wandel zum Künstler als Genie und Vollender der Natur zum ersten Mal in der Renaissance auf, um im Laufe der Aufklärung und spätestens in der Romantik endgültig zur Verklärung des Künstlerbegriffes zu führen. Einer Verklärung, die sowohl damals als auch heute in den wenigsten Fällen der tatsächlichen Lebenssituation von KünstlerInnen, denen es ehemals im durch konstante Auftragslage abgesicherten Handwerksbetrieb mindestens pekuniär besser gegangen sein mag, gerecht wird[5]. Daumier starb einsam und vollkommen verarmt und noch Gustav Klimt, der gefeierte und mit einträglichen öffentlichen Aufträgen überhäufte „Meister“ der Dekoration, gibt ein gutes Beispiel dafür ab, welch erzwungenen Rückzug ins Private, ja in die Vereinsamung es bedeuten kann, das subjektiv Notwendige über öffentlichen Applaus zu stellen. Insofern gibt es schon aus soziologischen Gründen eine gewisse Berechtigung, den „Altmeister“-Begriff nicht mehr auf das 19. Jahrhundert anzuwenden.

Für unsere Ausstellung war das hingegen irrelevant. Für einen 20-jährigen klingt das Wort „Meister“ antiquiert, „Alter Meister“ also doppelt antiquiert, „Master“ hingegen ist einfach ein Symbol für einen Abschluss, der weder Aufträge noch irgendwelche sonstigen Sicherheiten für den künftigen Lebensunterhalt garantiert, wenn er auch nach wie vor wie ein Versprechen klingen mag. Immerhin ergibt sich hier eine Parallele zum Mittelalter, wo man ohne entsprechendes Kapital und die gewöhnlich ererbte oder erheiratete Zulassung zur Zunft auch kaum eine Chance hatte, sich als Meister selbstständig zu machen, also wortwörtlich „seinen eigenen Stand“ zu begründen und dies daher meistens auf wohlhabende Familien beschränkt blieb.

Den Begriff „Junger Meister“ hat es ohnehin nie gegeben. Wir wollten mit seiner Erfindung einen Spiegel schaffen, um zunächst den jungen KünstlerInnen – wie Carrolls Alice – einen Schritt ins Wunderland inklusive Begegnung mit den für uns lange Toten, aber dort höchst Lebendigen zu ermöglichen. Darüber hinaus sollte der Spiegel die Eigenschaft besitzen, ein durch das Wissen, die Erfahrung, die Sensibilisierung, ja durch die ganze geistige Verfassung des Betrachtenden willentlich steuerbares Bild zu erzeugen.

Zu diesem Zweck haben wir den „Altmeister"-Begriff unseren Bedürfnissen angepasst. Keine Spitzfindigkeit in Zuschreibungsfragen (ob z. B. eine bestimmte Leistung nur diesem oder jenem Meister aus diesem oder jenem subjektiven Grund möglich gewesen wäre, nicht aber seinem Schüler, der eben wieder aus diesem oder jenem Grund nur weniger Hochwertiges, „Meisterhaftes" hätte schaffen können) hat unsere Auswahl bestimmt. Ebenso blieben Fragen nach Druckzuständen, Auflagen, Erstausgaben und dergleichen, die Händler und Sammler interessieren, kaum aber KünstlerInnen auf der Suche nach Inspirationsquellen, ausgeblendet. Auch haben wir die Brauchbarkeit einer Vorlage nicht daran gemessen, ob ein „Alter" im Kunstkanon angekommen ist, oder ob ein anonymer Künstler eine brauchbare, ästhetisch befriedigende und auf der Höhe der Zeit stehende, „meisterhafte" Lösung für eine technische oder wissenschaftliche Illustration gefunden hat. Wir haben also auch Gebrauchsgrafik und ebenso Blätter aus außereuropäischen Kulturkreisen (in unserem Fall hauptsächlich Asiatika), die normalerweise a priori aus der Altmeistergrafik ausgeschieden werden, zugelassen. Desgleichen blieben Themenkreise nicht ausgespart, nur weil sie vielleicht irgendwann wegen ihrer subversiven Kraft dem bürgerlichen Empfinden oder einem politischen Machthaber zuwiderzulaufen drohten (was bei der Karikatur regelmäßig der Fall ist).

Wäre es nach dem Empfinden der Studierenden gegangen, dann wären auch noch KünstlerInnen, die wir heute zur frühen Moderne zählen, und die, jeglichen Naturalismus negierend, die Kunst in die Abstraktion führten oder die sich, wie die deutschen Expressionisten, explizit auf expressive Strömungen vergangener Epochen (in ihrem Fall die Gotik) beriefen, mit von der Partie gewesen. Für manche zählt die „klassische Moderne" eben auch schon zum „Altmeisterlichen" – so haben sich die Blickwinkel verschoben.

[4] Thomas Bernhard: Alte Meister, Frankfurt a. M. 1988

[5] Wenn heute ein Künstler wie Olafur Eliasson einen Stab von 70 MitarbeiterInnen anführt (laut http://www.olafureliasson.net/studio.html), dann nähern wir uns der Sache wieder. Künstler und „Mastermind", nämlich derjenige, der das Konzept liefert, nicht aber notwendigerweise auch jemals Hand angelegt hat, ist natürlich nur einer, alle anderen gleichen frappant den Werkstattgehilfen eines Rubens, nur dass sie heute für „colour experiments", „prototyping and production" oder „design & development" verantwortlich sind.

3 S. 34

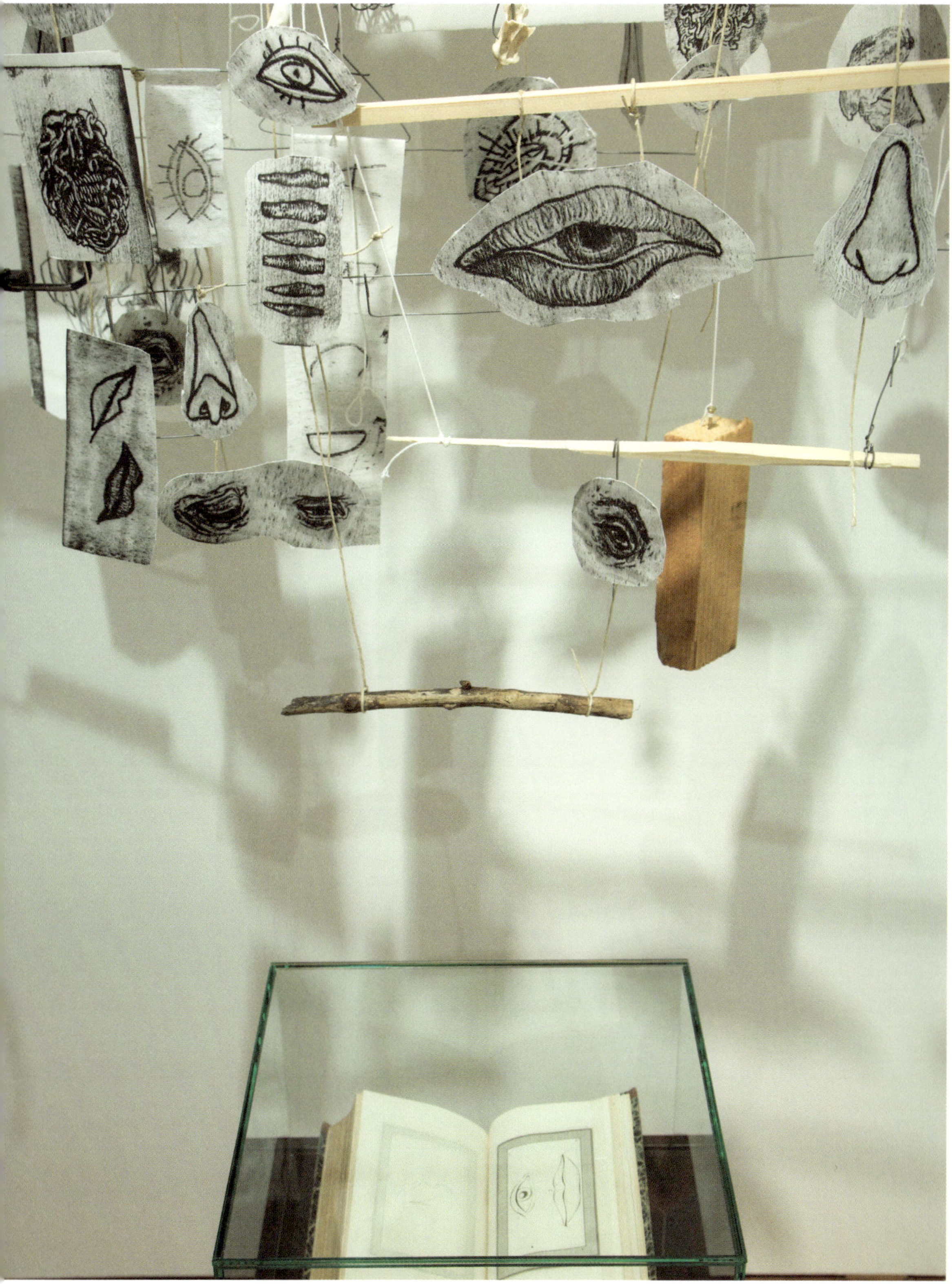

3 S. 33

3 S. 34

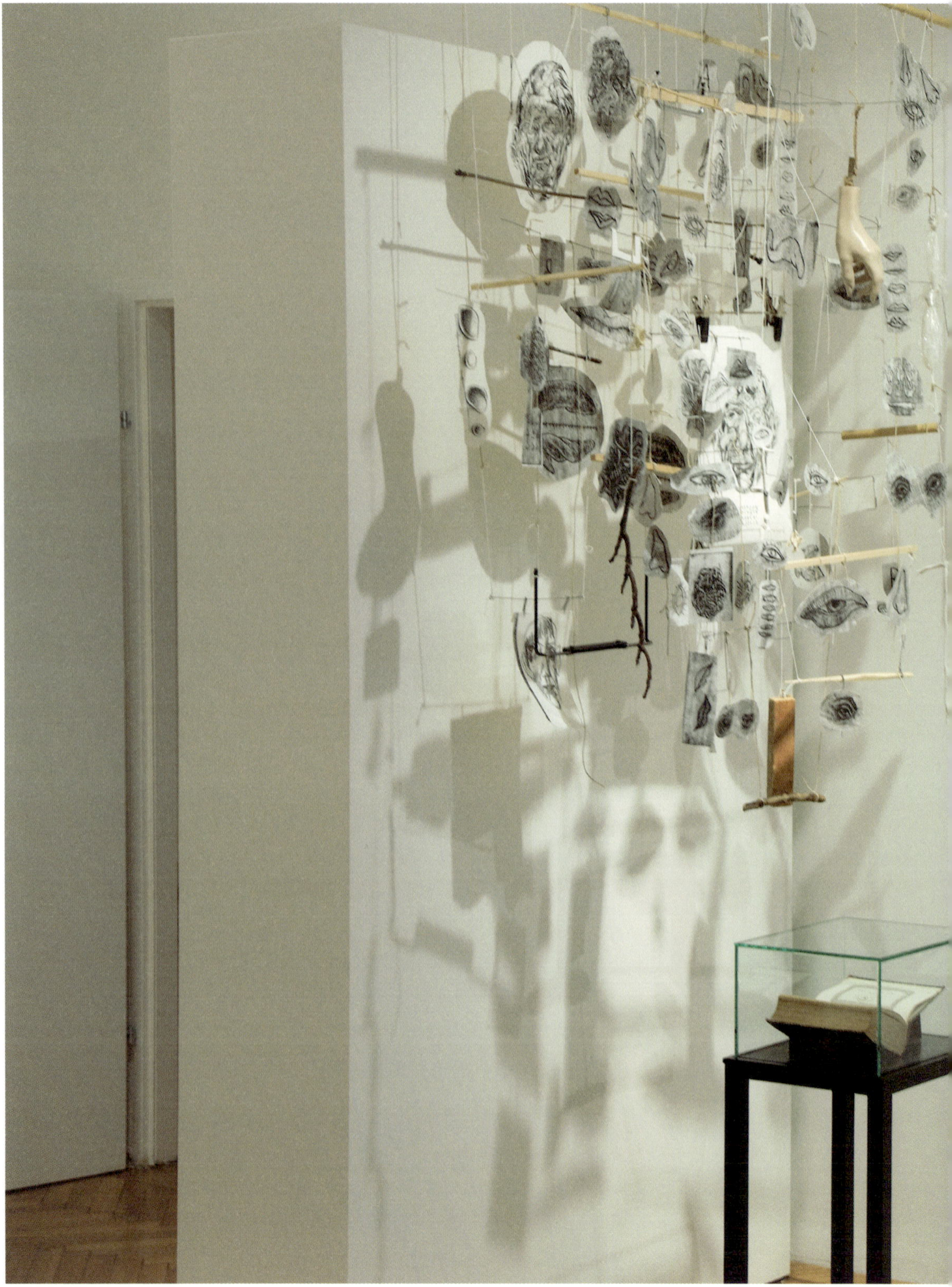

3 S. 33

4 S. 38

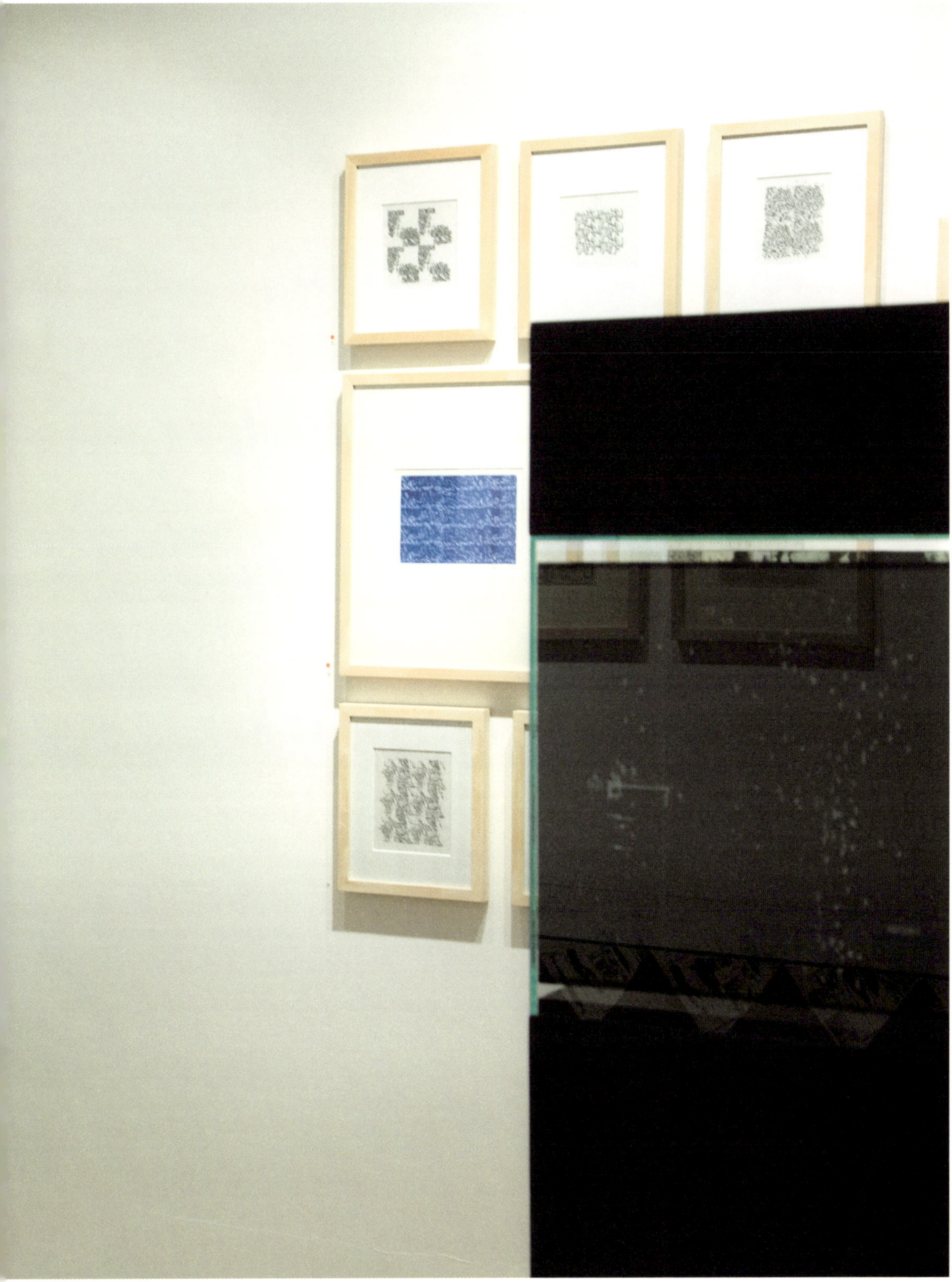

6 S. 46

6 S.45

7 S.49

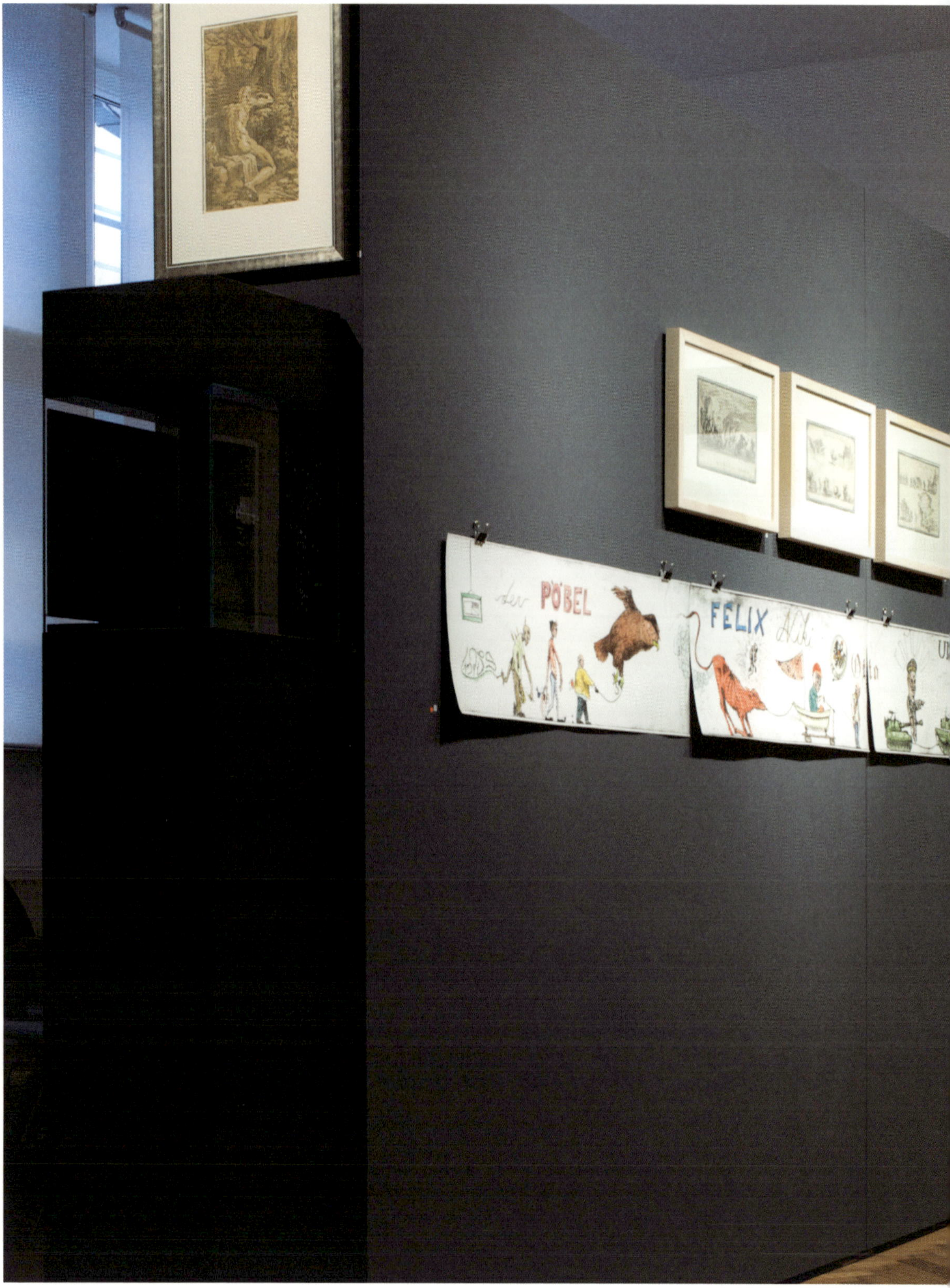

6 S.46

7 S.50

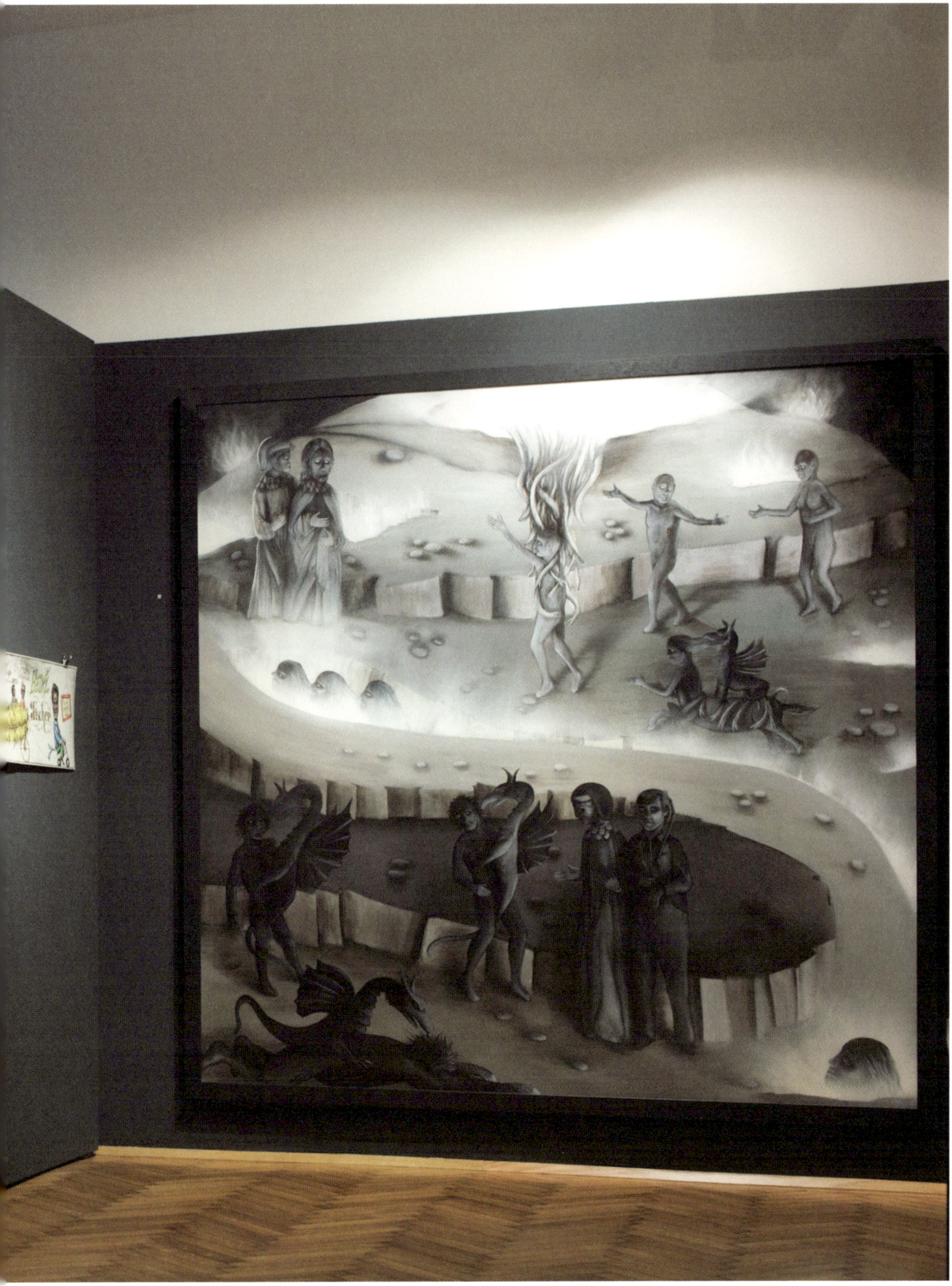

8 S. 54

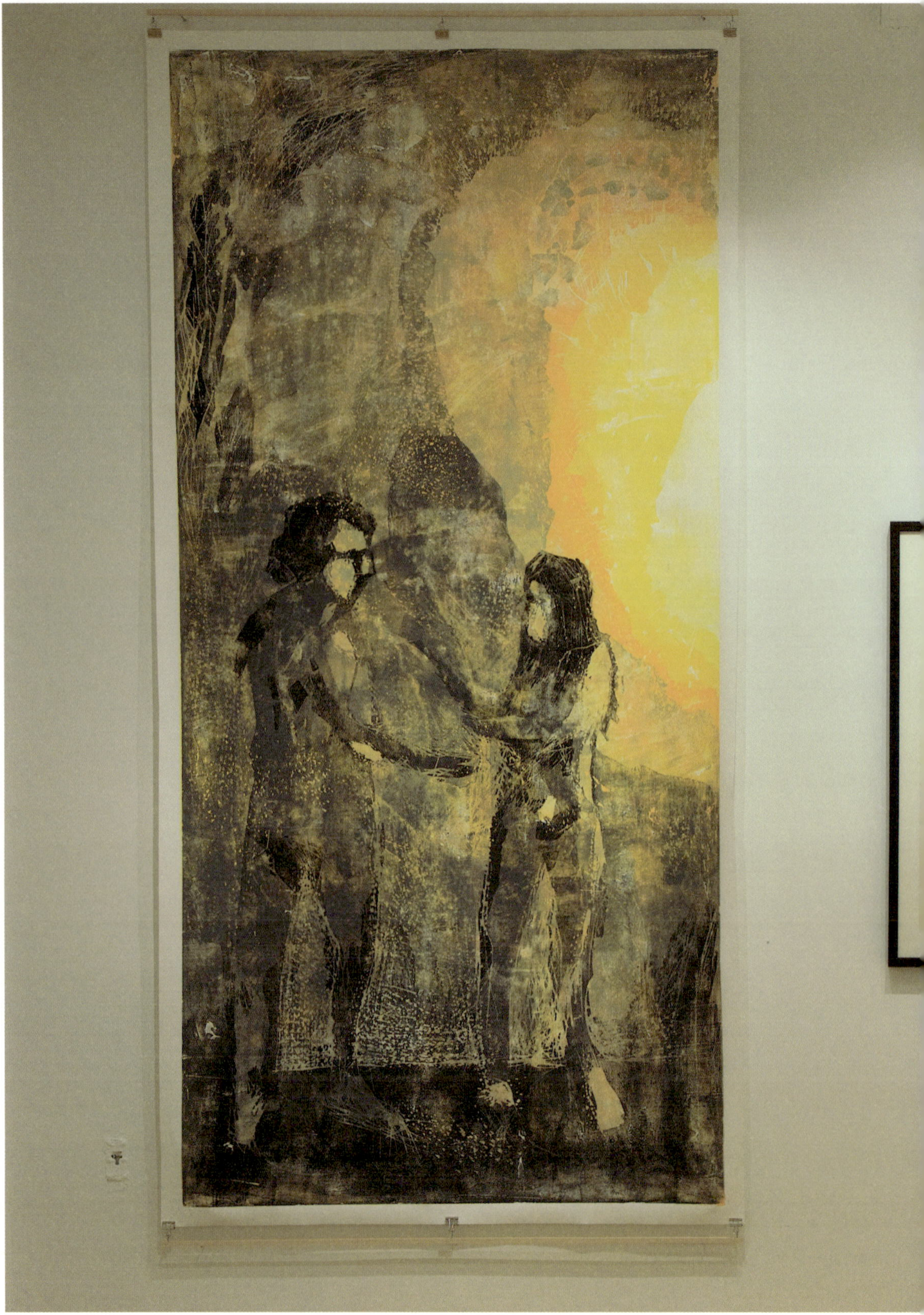

19 S. 102

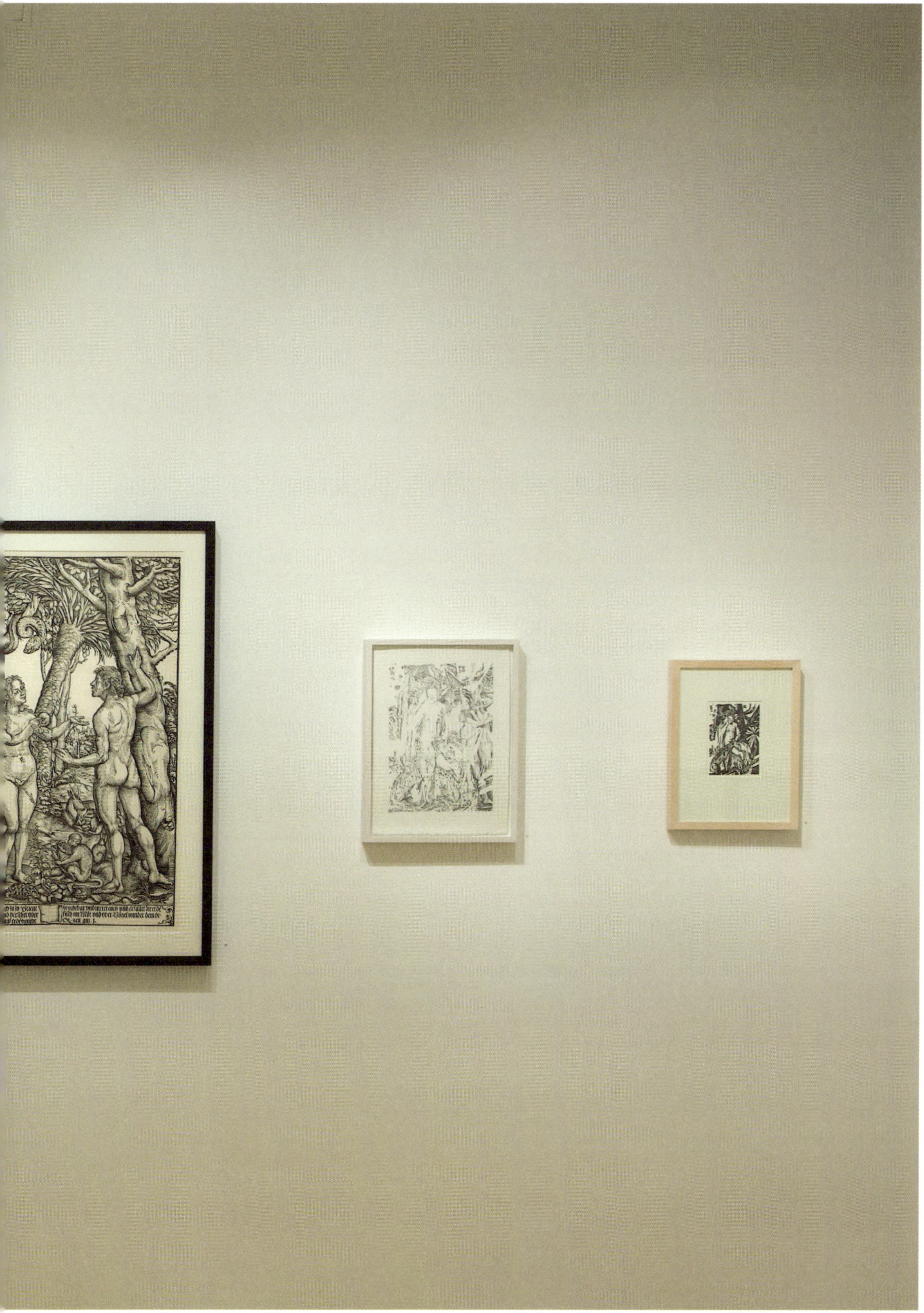

19 20 S. 101

20 S. 106

20 S. 105

Alte MEISTER

Junge

MEISTER

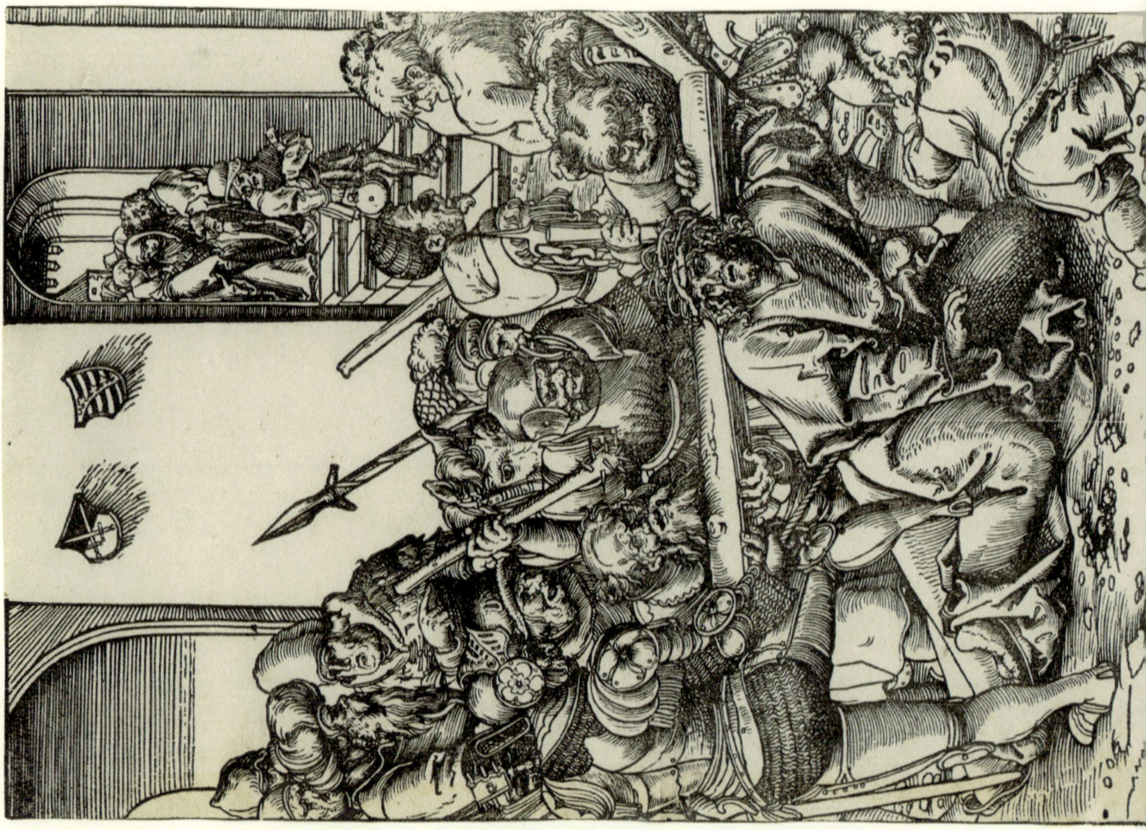

Lukas Cranach d. Ä.

***1472 †1553**

—

Kreuztragung

Holzschnitt auf Bütten
24,5 x 17 cm
Blatt 10 aus der 14 Blätter umfassenden Passionsfolge, mit dem kurfürstlichen Wappen Friedrichs des Weisen im Stock

—

Lukas Cranach der Ältere wird 1504 vom Kurfürsten von Sachsen, Friedrich dem Weisen, als Hofmaler nach Wittenberg berufen, um dort zusammen mit ihm zu einem glühenden Verfechter der Reformation zu werden. Später wird er die Schriften seiner Freunde Luther und Melanchton illustrieren, sich aber auch nicht davon abhalten lassen, Aufträge der vehementesten Gegner der Reformation anzunehmen. 1508 malt er ein Porträt des späteren Kaisers Karl V., bei dem Cranach 1550 nach verlorener Schlacht persönlich für seinen kurfürstlichen Herren eintreten wird.

Neben Buchillustrationen schuf Cranach zahlreiche Einblattholzschnitte, von denen ihn die Blätter der Passionsfolge von 1509 auf der Höhe seines Könnens zeigen und als den Meistern des deutschen Renaissance-Holzschnittes Altdorfer, Dürer, Baldung und Holbein d. J. ebenbürtig ausweisen. Cranachs Stil wurde vor allem im 19. Jahrhundert manchmal in abwertender Weise des Manierismus geziehen, der Künstler geht aber in der beinahe karikaturhaften Zuspitzung der Figuren und den grotesken Köpfen keineswegs über die bereits von Leonardo da Vinci gestellte Forderung hinaus, der Zeichner solle sich zu jeder Gemütsregung ein Repertoire an Gesichtszügen zulegen, von denen man sich vor allem die „schauderhaften Gesichter" ohne Mühe merken könne.

Wenn ein deutscher Künstler in diesem Zusammenhang genannt werden müsste, der Cranach bei der Darstellung von in der Masse zu obszönen Kreaturen verkommenden Menschen gleichkommt, dann wäre es über 200 Jahre später J. S. Bach, der in den mehr geschrienen als gesungenen Turba-Chören seiner Passionen zu ähnlich expressivem Ausdruck fand, wenn auch auf akustischer und nicht auf bildlicher Ebene.

Stephan Genser

–

Kreuztragung

Farbpolymerhochdruck auf Bütten
60 x 40 cm
Auflage: 7

–

geboren 1983 in Salzburg

› studierte 2004 – 2010 an der Universität Wien Psychologie (Diplom) und 2009 – 2013 Romanistik (Spanisch) mit ausgezeichnetem Erfolg (Bachelor)

› studiert seit 2011 an der Universität für angewandte Kunst Wien, Abteilung Grafik | Druckgrafik

Schon der Titel der Arbeit von Stephan Genser lässt keinen Zweifel daran, dass es hier um eine fast wörtliche Übersetzung der historischen Arbeit in die Gegenwart geht. Der durchaus humorvolle und kritische Transfer des gezeigten Geschehens aus der Leidensgeschichte Jesu wiederholt in gewissem Sinne, was schon Lukas Cranach zu seiner Zeit tat.

Erstaunlich ist dabei das Festhalten an bestimmten Konventionen der Darstellung Jesu und das Spiel mit der Suggestion von Geschichtstreue in der Darstellung im Jetzt. Die Umsetzung des Druckes als Polymerhochdruck verdient besondere Beachtung, da hier in der technischen Umsetzung die inhaltliche Entscheidung perfekt unterstützt wird. Zwar ist der Hochdruck an sich ein Anachronismus, der Polymerhochdruck allerdings ist eine aktuell sehr gebräuchliche Technik, die besonders im Verpackungsdruck von wirtschaftlicher Bedeutung ist. Der Hochdruck von sieben Platten bedingt ebenso wie die bildliche Umsetzung eine intensive Beschäftigung mit dem historischen Blatt auf den verschiedensten Ebenen, die weit über eine rein kunsthistorische Betrachtung hinaus von tiefem Verständnis zeugt.

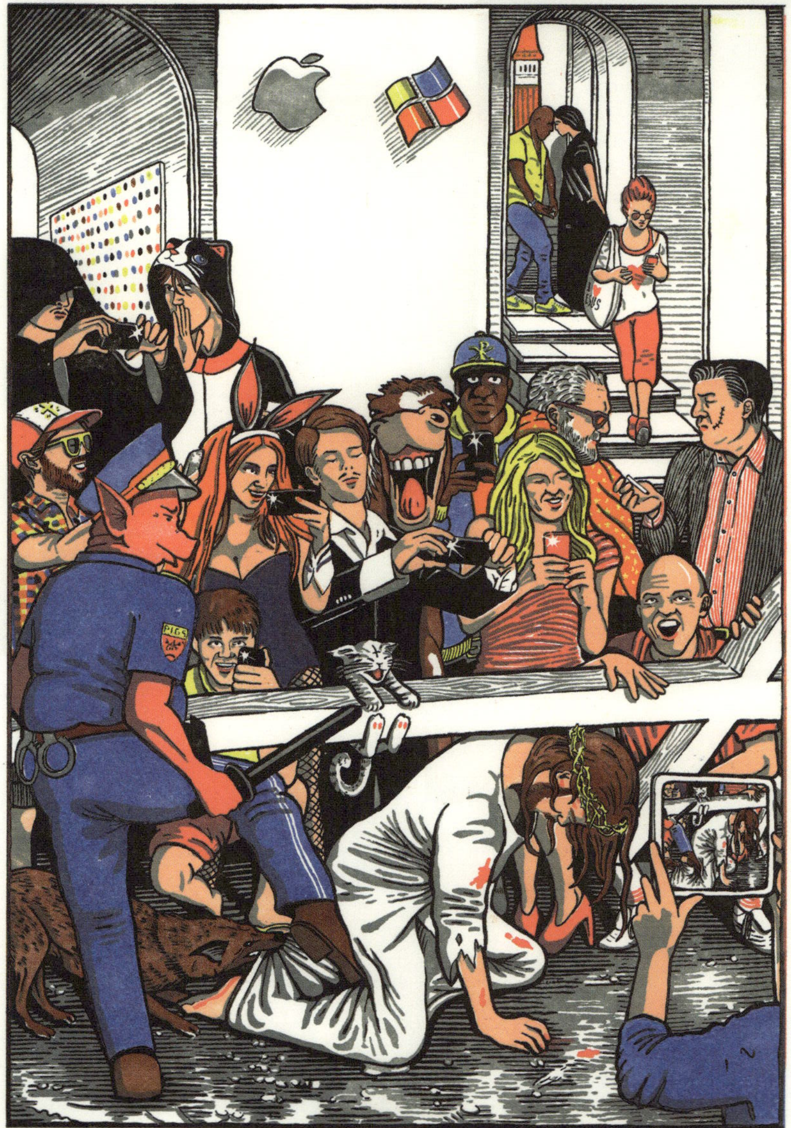

E.A. JARI2013

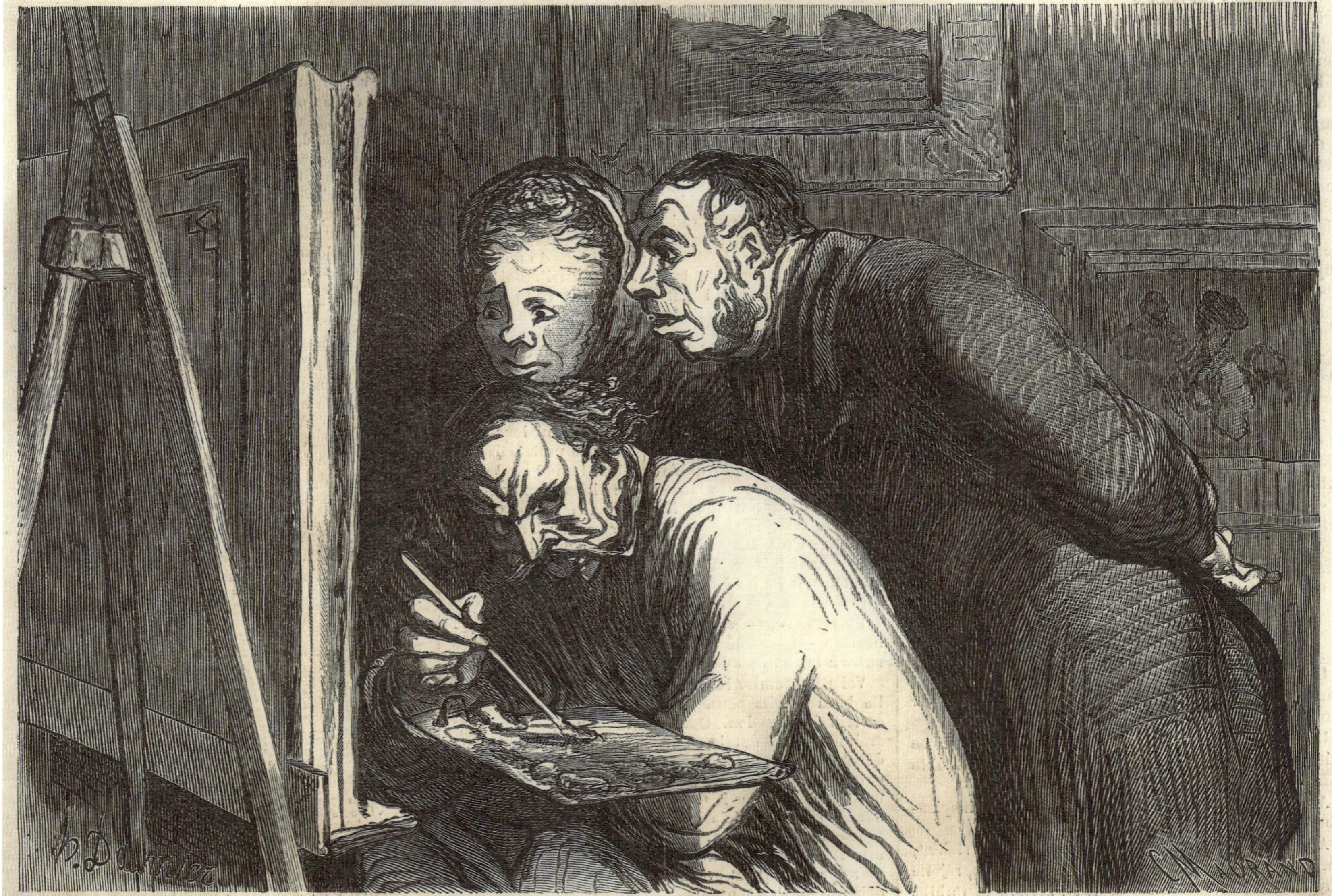

Peintres et bourgeois. — (Dessin de M. Daumier.)

Honoré Daumier

*1808 †1879

—

Peintres et bourgeois

Holzstich auf Zeitungspapier
15,6 x 22,5 cm
aus: „Le monde illustré“, Paris

—

Der Künstler, zu dessen Lebzeiten die Regierungsform in Frankreich nicht weniger als sechs Mal wechselte, machte nie einen Hehl von seiner republikanischen Überzeugung und geriet als bissiger, politischer Karikaturist nur allzu oft mit der Pressezensur in Konflikt. Müde von Repressionen und um die Zensur zu umgehen, wandte sich Daumier mehrmals in seinem Leben gesellschaftskritischen Themen zu, die er mit seinen Erfahrungen aus Theater- und Museumsbesuchen sowie seinen Streifzügen durch die Straßen von Paris speiste.

Eines seiner berühmtesten Blätter, eine Lithographie, die ebenso wie unser Holzstich im Jahr 1862 entstand, kurz nachdem Daumier von der Redaktion des „Le Charivari“ nach 27-jähriger Tätigkeit für dieses Blatt entlassen worden war, stellt eine Szene aus der Serie „A travers les Ateliers“ dar, in der sich Daumier neben Künstlerkollegen und einer Schar von Kommentatoren selbst porträtiert.[1]

„Peintres et bourgeois“ aus „Le monde illustré“ stellt sozusagen das Gegenstück dazu dar. Während im ersten Blatt eine verschworene Künstlergemeinschaft angesichts eines fertiggestellten, aber für uns nicht zu sehenden Gemäldes die erwartete Reaktion eines unbedarften Publikums mimisch vorwegnimmt (wobei der in seiner Sehkraft bereits angeschlagene Daumier in allernächster Nähe zum Gemälde die Augen zukneift), sehen wir in unserem Blatt einen „archetypischen“ Künstler am Werk, der sich mit grimmig entschlossenen, ja fast maliziösem Gesicht auch durch die noch so unverständig starrenden Blicke im Nacken nicht davon abhalten lässt, genau das Werk zu schaffen, das ihn nach vollendeter Tat in Schwierigkeiten bringen wird. Beide Blätter stellen somit allegorisch ein Künstlertum dar, das Daumier auch angesichts von Zensur, zunehmender Erblindung, schlechter Auftragslage und damit verbundener Verarmung jederzeit bereit war, zu verteidigen.

Jasmin Edelbrunner

–

Ohne Titel

Digitales Video
Format 4:3, 28' 47" (Endlosschleife)
Auflage: 5 codierte und signierte DVDs

–

geboren 1983 in Graz, Steiermark

› studierte 2001 – 2008 Publizistik und Kommunikationswissenschaften an der Universität Wien
› studiert seit 2011 an der Universität für angewandte Kunst Wien, Abteilung Grafik | Druckgrafik

Mit Raffinesse reagiert Jasmin Edelbrunner auf den kritischen Blick Honoré Daumiers auf die Kunst-Rezeption durch ein bourgeoises Publikum. Im wiederholten Auslöschen der Karikatur von Daumier in Form eines Video-Loops kehrt sie die ursprünglich dargestellte Situation um und macht den Betrachter / die Betrachterin zum Teil ihrer Rekreation der von Daumier dargestellten Szene. Der Monitor wird zur Leinwand, das Radierwerkzeug des Bildbearbeitungsprogrammes zum Pinsel, die Galerie zum Atelier der Künstlerin.

Die Präsentation des Videos auf einem Schirm, der dem Rahmen des Holzstiches entspricht und in einer Bildgröße, die der des Druckes gleicht, macht die Analogie perfekt. Nach dem Paradigmenwechsel in der Druckgrafik zeigt sich, dass eine Arbeit wie diese, die gemeinhin den neuen Medien zugeordnet würde, erfolgreich Teil einer neuen künstlerischen Strategie geworden ist.

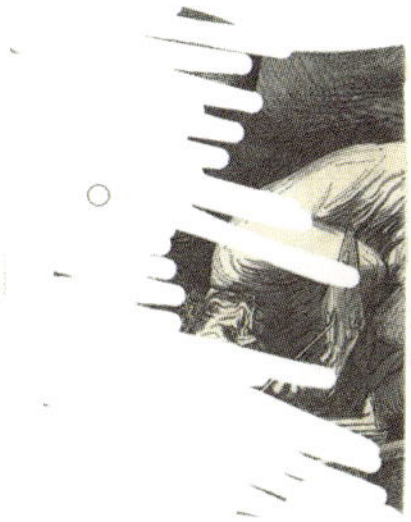

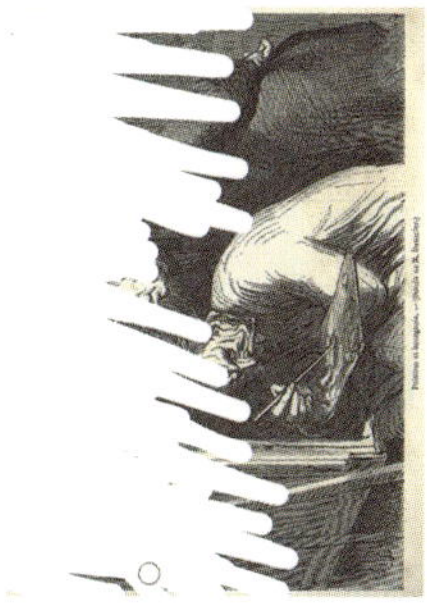
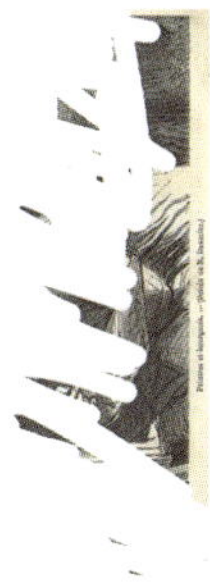
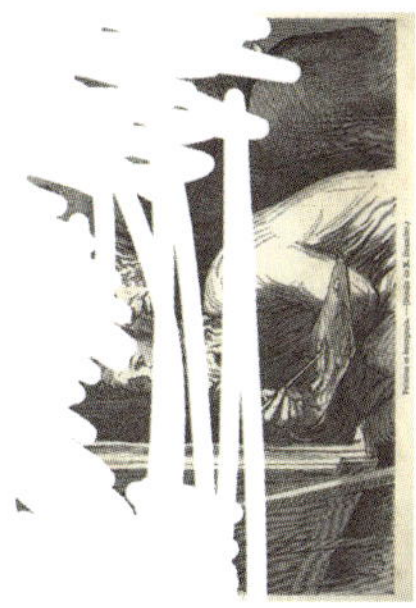
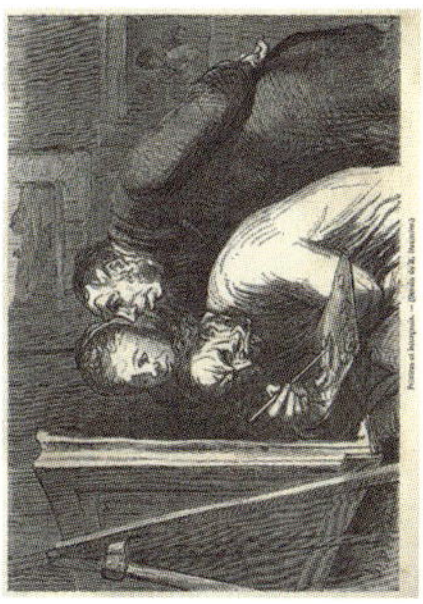
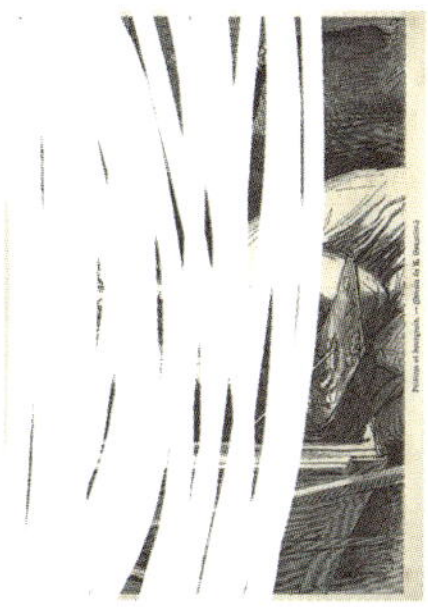
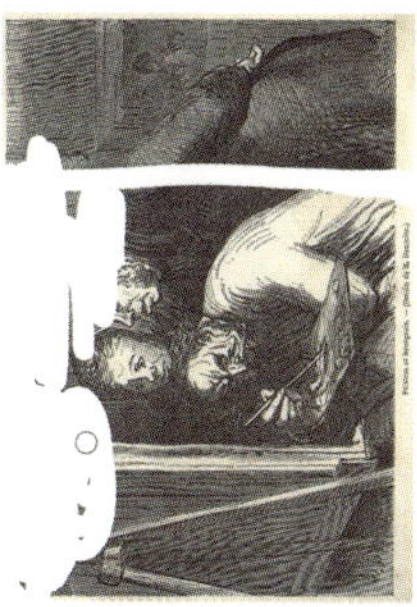

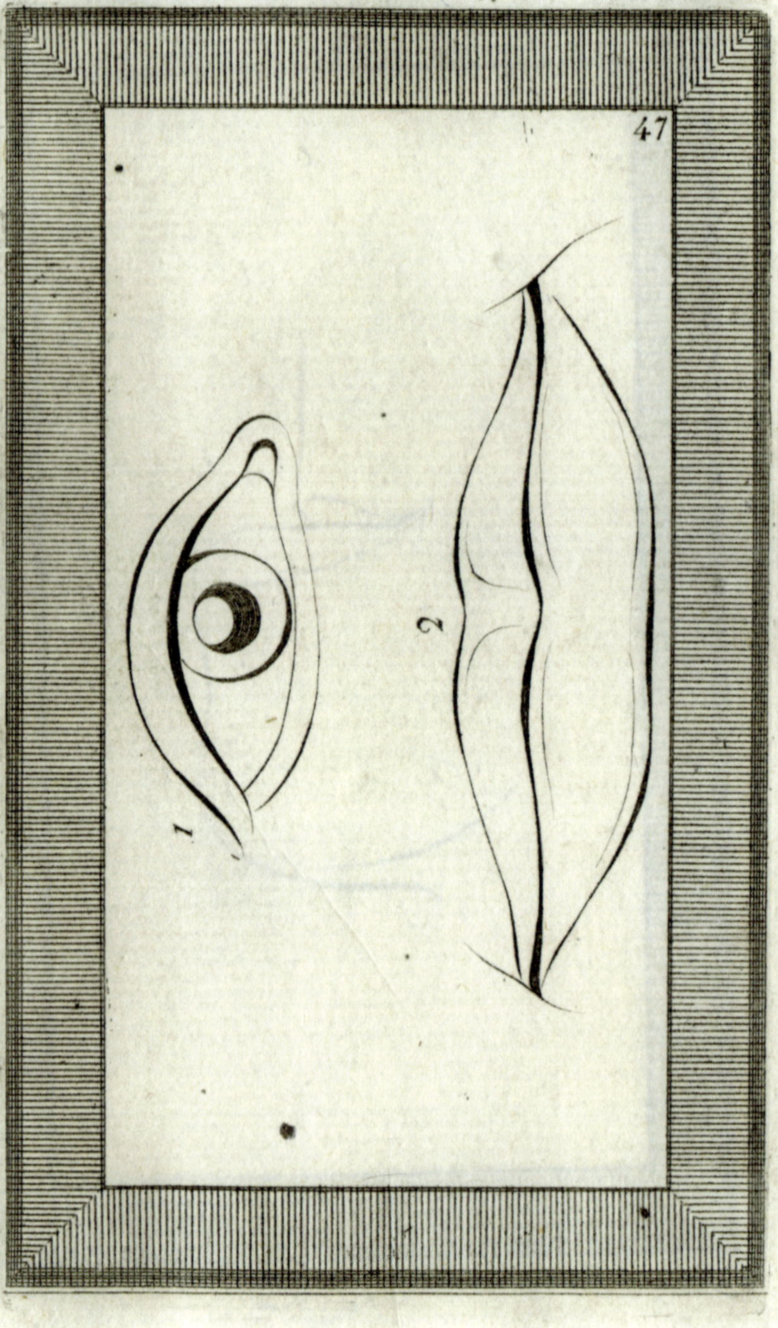
47
1
2

S. 15,16

Anonym

–

Ueber die Animalitäts= Linien.

Kupferstich auf Bütten
12,8 x 7,8 cm
aus: Johann Kaspar Lavaters nachgelassene Schriften. Hundert physiognomische Regeln, mit vielen Kupfern. Hg. von Georg Geßner. Orell, Füßli und Compagnie, Zürich 1802

–

Das Ende des 18. Jahrhunderts stand ganz im Zeichen einer Physiognomik-Debatte, ausgelöst durch Johann Kaspar Lavaters reich bebilderte „Physiognomische Fragmente. Zur Beförderung der Menschenkenntnis und Menschenliebe“, die eine Systematisierung des menschlichen Charakters anhand seiner äußeren Erscheinung, besonders seiner Gesichtszüge, zum Ziel hatten. Goethe redigierte selbst die zwei ersten von vier Bänden und die Abbildungen der verschiedenen Charakterköpfe samt ihrer Gemütsbewegungen steuerten in den verschiedenen Editionen die besten Illustratoren der Zeit bei, unter ihnen Daniel Chodowiecki und William Blake. Lavater selbst hatte in manischer Sammelleidenschaft als Bildquellenmaterial für die „Fragmente“ eine Physiognomika-Sammlung von über 22.000 Blättern angelegt, die heute in der Nationalbibliothek in Wien verwahrt wird.

Im vorliegenden 5. Nachlassband mit dem abschließenden Text „Hundert physiognomische Regeln“ ändert sich der Charakter der gewöhnlich verwendeten Umrisskupfer grundlegend, indem nicht nur wie zuvor der Kopf als „Charakterkopf“ eine vom übrigen Körper getrennte Betrachtung erfährt, sondern das Gesicht selbst einer Fragmentierung bis auf die Einzellinie und deren mögliche Ausformung unterworfen wird. „Das Ohr ist stumm, der Mund ist taub [...] Die Totalität des Innern und Äußern wird durchs Auge vollendet“ schreibt Goethe in seiner Farbenlehre.[2] Für Lavater, dem Goethe nach und nach seine Mitarbeit nicht zuletzt wegen dessen „Saalbaderey“[3] entzog, sprachen auch Ohren und hörten Münder.

Simon Goritschnig

–

Der Archivar 2

Mobile (Holz, Metall, Plastik, Papier, Bütten, Bindfaden)
Techniken: Holzflachdruck und Zeichnung

–

geboren 1988 in Klagenfurt, Kärnten

› besuchte das Bundesrealgymnasium mit musischem Schwerpunkt in Klagenfurt-Viktring
› 2008 Mitbegründer des fairen und biologischen Modelabels „Zerum“
› studierte 2008 – 2009 Publizistik und Kommunikationswisssenschaften an der Universität Wien
› studiert seit 2009 an der Universität für angewandte Kunst Wien, Abteilung Grafik | Druckgrafik, zusätzlich seit 2012 Philosophie

Ein Mobile, bestehend aus Objekten, Zeichnungen und Drucken – Dingen, denen das Organische, das Gewachsene gemein ist – hängt von der Decke der Galerie. Bei genauerer Betrachtung zeigt sich, dass dieses Mobile eine Richtung hat, dass es fast die Form eine Stammbaumes annimmt, dass die Fäden Verbindungen herstellen aber auch kategorisieren. Die Drucke, Holzlithographien, schlagen die Brücke zur Masse, während die Äste und Fundstücke die Individualität betonen. All das findet sich in den Archiven der Naturwissenschaft.

Dazu Simon Goritschnig: „der mensch ist ein archiv, eine liste von daten. eine schale voller flüchtiger eigenschaften.“

Die Art, wie Lavater dieses Archiv zu lesen versucht hat, leistete trotz seiner besten Intentionen dem Übelsten im menschlichen Charakter Vorschub. Auch Wissenschaft ist niemals ideologiefrei und daher ist die wissenschaftliche Untersuchung des Menschen immer nahe am moralischen Scheitern.

3

S. 15,16

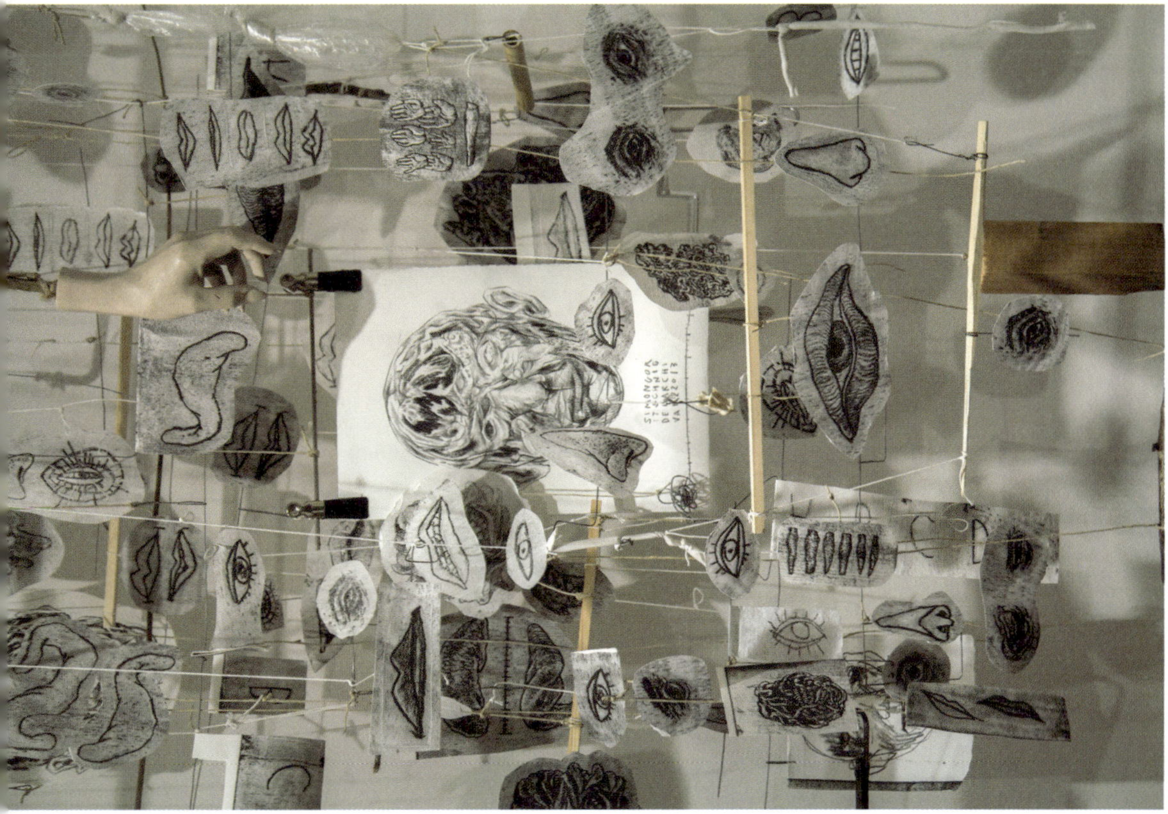

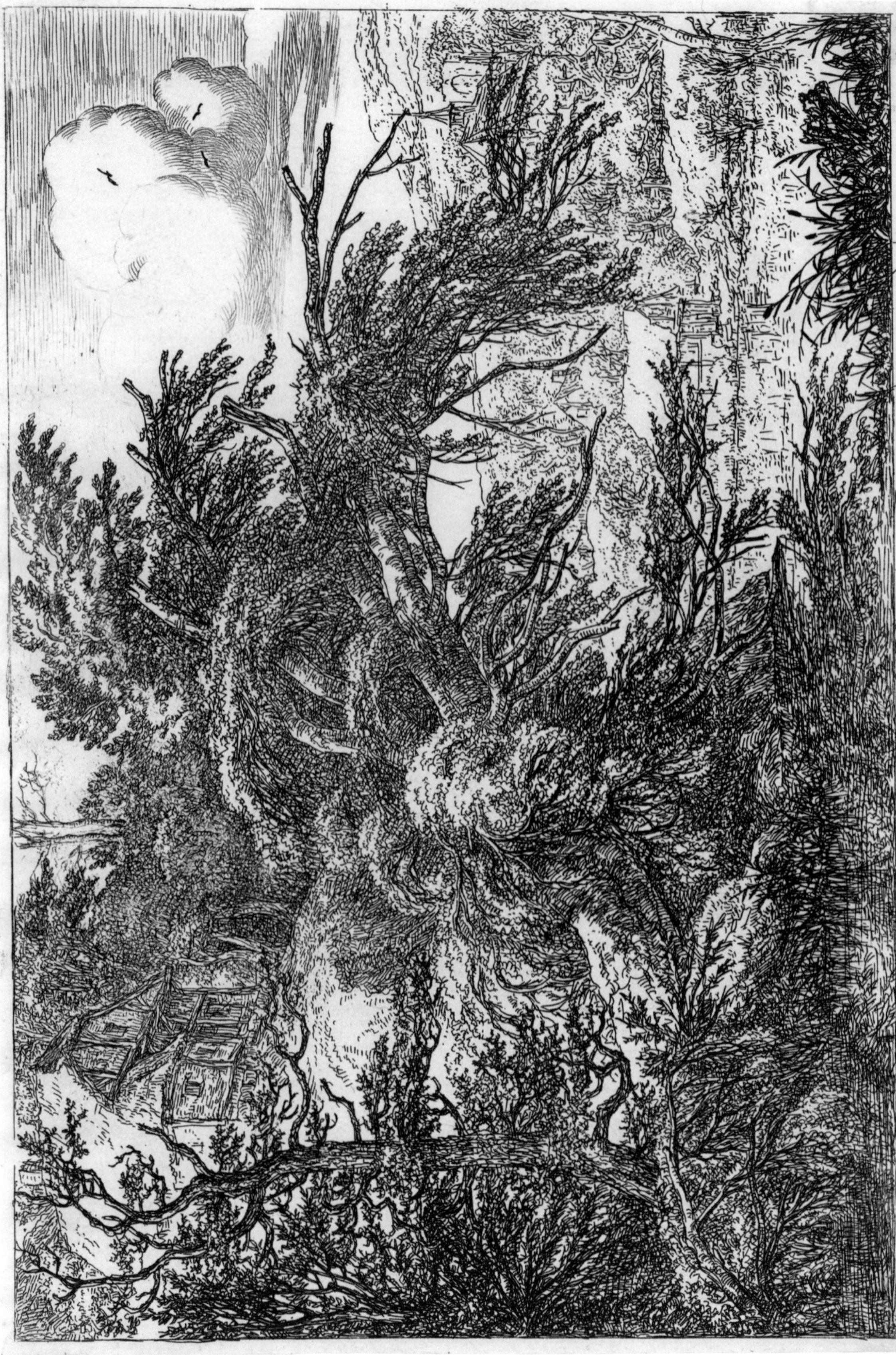

Jacob van Ruisdael

***1628/29 †1682**

—

Die Hütte auf der Anhöhe

Radierung auf Japanpapier
18,7 x 27,3 cm
in der Platte signiert

—

Jacob van Ruisdael, der bedeutendste holländische Landschaftsmaler der zweiten Hälfte des 17. Jahrhunderts, schuf im Lauf seines Lebens 13 Radierungen, die vor allem malerische, ausdrucksvolle Bäume zeigen.

Unser Blatt aus einer Gruppe von vier offensichtlich zusammengehörigen Radierungen zeigt solch eine Baumgruppe inmitten einer Landschaft, in die sich links oben eine verfallene Hütte und rechts unten eine weitere Hütte, ein Kirchlein und zwei, in ihrer Miniaturhaftigkeit kaum noch als solche zu erkennende Spaziergänger vexierbildartig einfügen.

Nach dem Tod Rembrandts, der in seinen Landschaftszeichnungen und Radierungen das „Malerische“ in Form verfallener Hütten und Gehöfte, aber auch alter und verwachsener Bäume einführte, wurde um die „Bildwürdigkeit“ solcher Motive eine hitzige kunsttheoretische Diskussion entfacht. Nichtsdestoweniger wurden die Landschaften des auch von Goethe sehr verehrten Ruisdael zu einem wichtigen Impulsgeber für die deutschen Romantiker und so auch für Caspar David Friedrich, der ohne das Vorbild Ruisdaels kaum denkbar ist. Letzterer wirke, schreibt Wilhelm Bode, „nicht wie Rembrandt durch die Intensität seines Wesens, sondern durch die Bescheidenheit, mit der er sich hinter einer großen Darstellung der Natur versteckt.“[4]

Lange vor dem antiaufklärerischen „Zurück zur Natur“ eines J. J. Rousseau gerät bei Ruisdael die unkultivierte Landschaft zum Symbol für die Bedeutungslosigkeit des zivilisierten Menschen angesichts einer übermächtigen Natur.

zwischen 1650 und 1655

4

Nora Eckhart

—

Ohne Titel

6 Zeichnungen
auf Transparentpapier, montiert auf Zeichenpapier
6 Tuschezeichnungen
auf Transparentpapier

Radierung auf Bütten
19 x 22,2 cm
Auflage: 6
Linolschnitt auf Bütten
15,1 x 21,1 cm
Auflage: 12

—

geboren 1993 in Korneuburg, Niederösterreich
- absolvierte das Gymnasium in Waidhofen an der Thaya, Niederösterreich
- 1 Jahr Studium der Kunstgeschichte
- studiert seit 2012 an der Universität für angewandte Kunst Wien, Abteilung Grafik | Druckgrafik

Nora Eckhart, in ihrer Arbeit immer schon Natur- und Landschaftsdarstellungen verpflichtet, ließ sich von der Radierung „Die Hütte auf der Anhöhe" von Jacob van Ruisdael faszinieren. Speziell der Strich inspirierte sie dazu, analytisch auf die Suche nach dem grafischen Wunder zu gehen. Wie durch das Mikroskop gesehen, isoliert sie Sequenzen der Linienführung, variiert diese, um sie dann in ihrer Wiederholung zu einem Muster werden zu lassen.

Die Verwendung verschiedener Techniken – Radierung, Linolschnitt und Zeichnung – erlauben ihr, die aus van Ruisdaels dramatischer Illusion gewonnenen Bausteine in unterschiedlichen Erscheinungsformen zu testen. Ihre Arbeit ist damit Dokumentation der formalen und ästhetischen Analyse und Kaleidoskop ihrer Transmedialisierung und Vervielfältigung. Die Arbeit bleibt in ihrem Wesen offen und lässt Raum für weitere Kombinationen und Transformationen.

S. 17

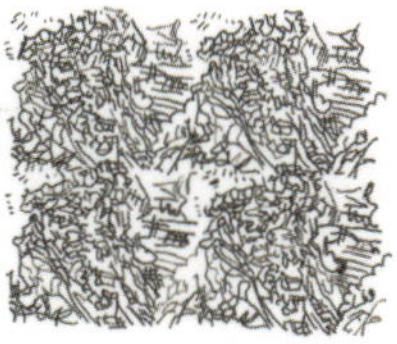

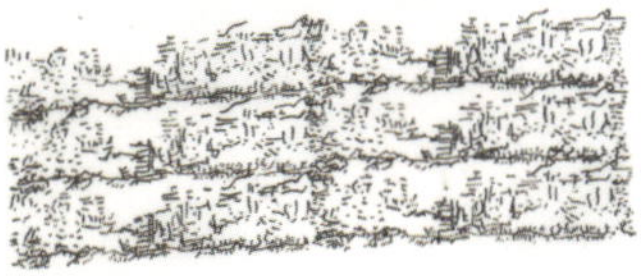
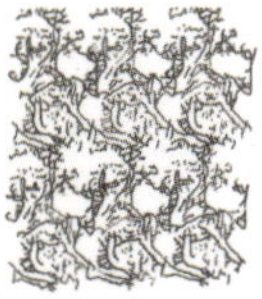
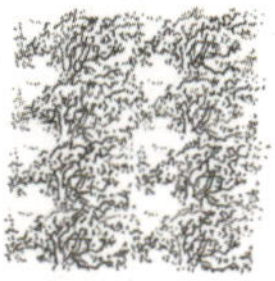
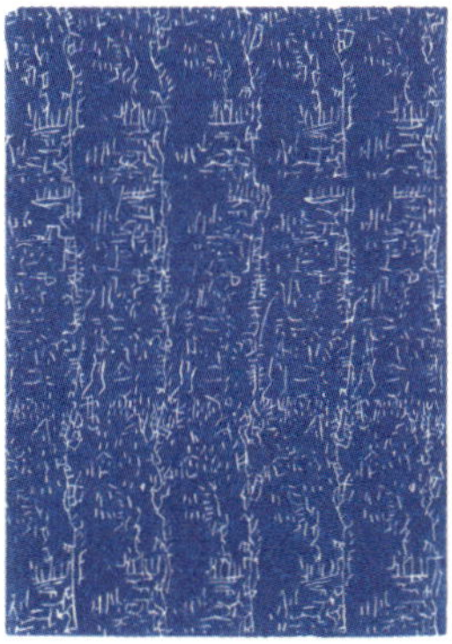
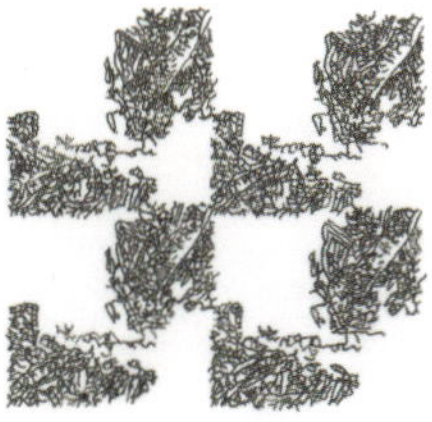
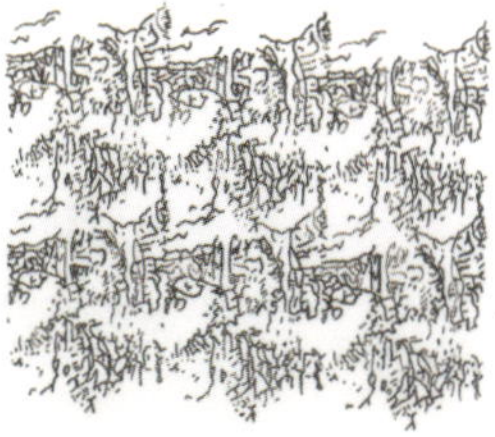

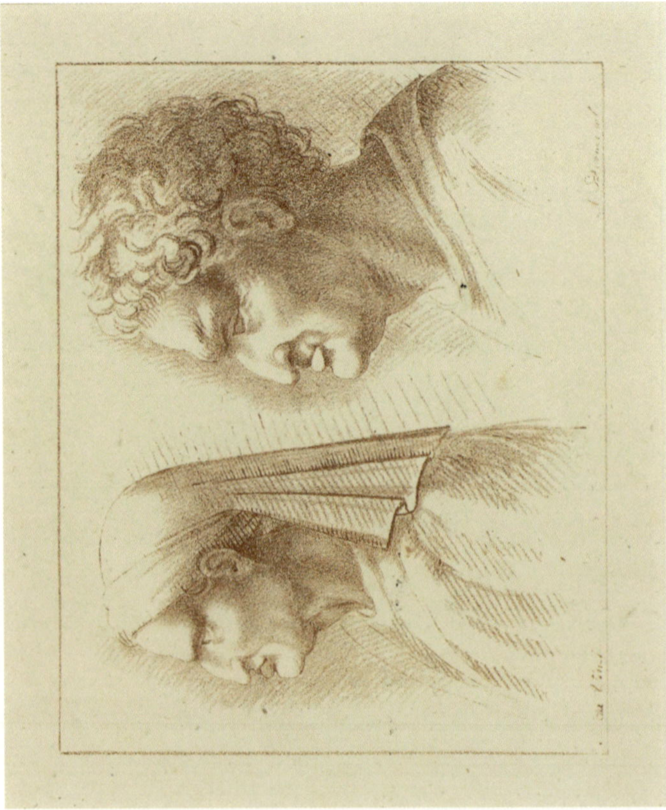

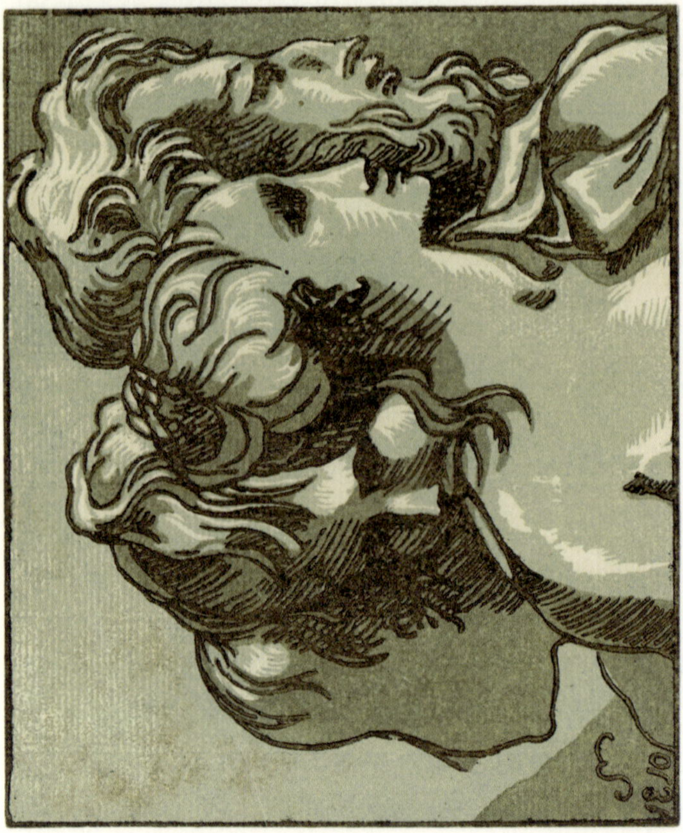

John Skippe

***1741 †1812**

—

Vier groteske Köpfe

nach Parmigianino-Schule
Clair-obscur-Holzschnitt von 3 Stöcken auf Bütten
12,5 x 14,7 cm
im Stock monogrammiert und datiert JS (ligiert)/1810

Johann Nepomuk Strixner

***1782 †1855**

—

Zwei groteske Köpfe

nach Leonardo da Vinci
Lithographie auf Velin
10 x 12 cm
im Stein bezeichnet und signiert „da Vinci N. Strixner (?)“; aus: Les Œuvres Lithographiques. Contenant un choix de dessins d’après les grands maîtres de toutes les écoles, tiré des Musées de sa Majesté le Roi de Bavière par Strixner, Piloty et Cie, München 1810 – 1816

—

Zweimal „Groteske Köpfe“[5], zweimal Reproduktions-Grafik (in beiden Fällen nach italienischen Meistern der Renaissance), beinahe identische Entstehungszeit – zweimal die gleiche Idee, doch jeweils eine andere Technik und eine sehr unterschiedliche Welt.

John Skippe, aus einer Familie stammend, die es ihm finanziell erlaubte, seinen Spleens nachzugehen, „amused himself in his winter nights“[6], wie er auf einer von hunderten seiner Zeichnungen vermerkte, oder fuhr in seine Wahlheimat Italien, wo er Fresken von Giotto, Mantegna und Tizian kopierte. In Venedig kam er vermutlich durch Antonio Maria Zanetti mit dem Clair-obscur-Holzschnitt in Berührung, einer Technik „which this age does not understand“[7], wie John Malchair, der Lehrer Skippes in Oxford, brieflich vermerkte. Trotzdem wählte Skippe, der auf diesem Gebiet offensichtlich Autodidakt war und seine Erwartungen an eine öffentliche Verwertbarkeit schnell aufgab, genau dieses Medium, um Zeichnungen aus seiner eigenen Sammlung zu reproduzieren, wobei er hartnäckig und sicher in übergroßer Verehrung vor allem, was den Stempel Italiens trug, den Zeitgeschmack ignorierte. Vielleicht gelang es ihm aber gerade deswegen überzeugend, in den vier, einem Parmigianino-Nachfolger zugeschriebenen Köpfen, ein Stück Renaissance ins England des frühen 19. Jahrhunderts zu holen.

Ganz anders J. N. Strixner: er war in ein aufregend neues Projekt von öffentlichem Interesse involviert, sozusagen „am Puls der Zeit“. Von 1810 bis 1816 wurden sowohl Zeichnungen als auch einige Gemälde der Sammlungen des bayrischen Königshauses[8] in einem in 72 Lieferungen umfassenden Monsterwerk reproduziert, wobei man sich die vor kurzem von Aloys Senefelder ursprünglich zum Zweck des Notendrucks erfundene Technik der Lithographie zunutze machte. Die „Œuvres Lithographiques“ zählen zu den Meilensteinen in der Entwicklung des Steindrucks und spielen zudem eine nicht unerhebliche Rolle für die Dokumentation der Münchner Sammlungen.

Linda Berger

–

self grotesque

3 Siebdrucke auf leichtem Karton
Profil nach rechts, En face, Profil nach links
jeweils 52 x 52 cm
Auflage: 9

–

geboren 1980 in Aalen, Baden-Württemberg

- 2005 Studienabschluss: Diplom-Designerin (FH) in Modedesign, Fachhochschule für Gestaltung, Pforzheim, danach wissenschaftliche Mitarbeiterin ebenda
- 2006 – 2008 Modedesignassistentin bei Bogner Jeans in Künzelsau, Baden-Württemberg
- studiert seit 2008 an der Universität für angewandte Kunst Wien, Klasse für Grafik | Druckgrafik
- lebt und arbeitet in Wien

Das Groteske bedient den Voyeurismus und eine hohe Auflage kommt diesem zugute. Linda Berger aber betrachtet sich selbst, sieht wie schnell das Selbst groteske Züge annehmen kann. Durch die Überlagerung zweier Ebenen, zweier Zustände, der Verbindung von schlafend und wach wie einer Verknüpfung von Bewusst und Unbewusst, schafft sie ein Selbstportrait, das entrückt und, durch die Verwendung eines sichtbaren Rasters mit der Autorität des Gedruckten ausgestattet, fast dokumentarisch wirkt.

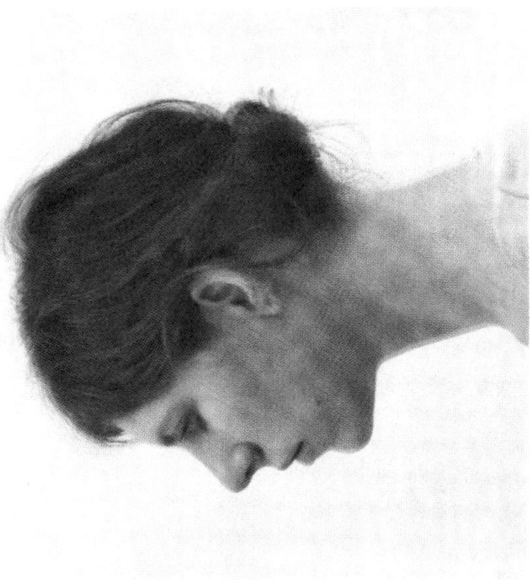
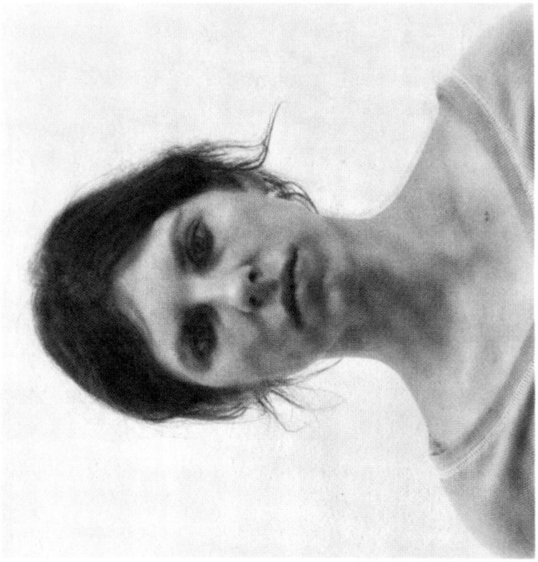
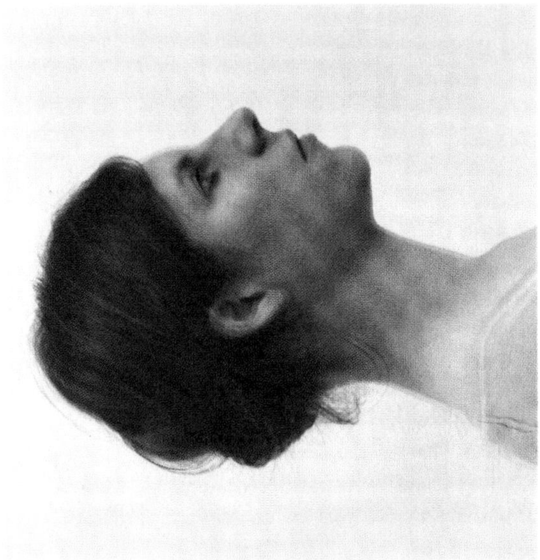

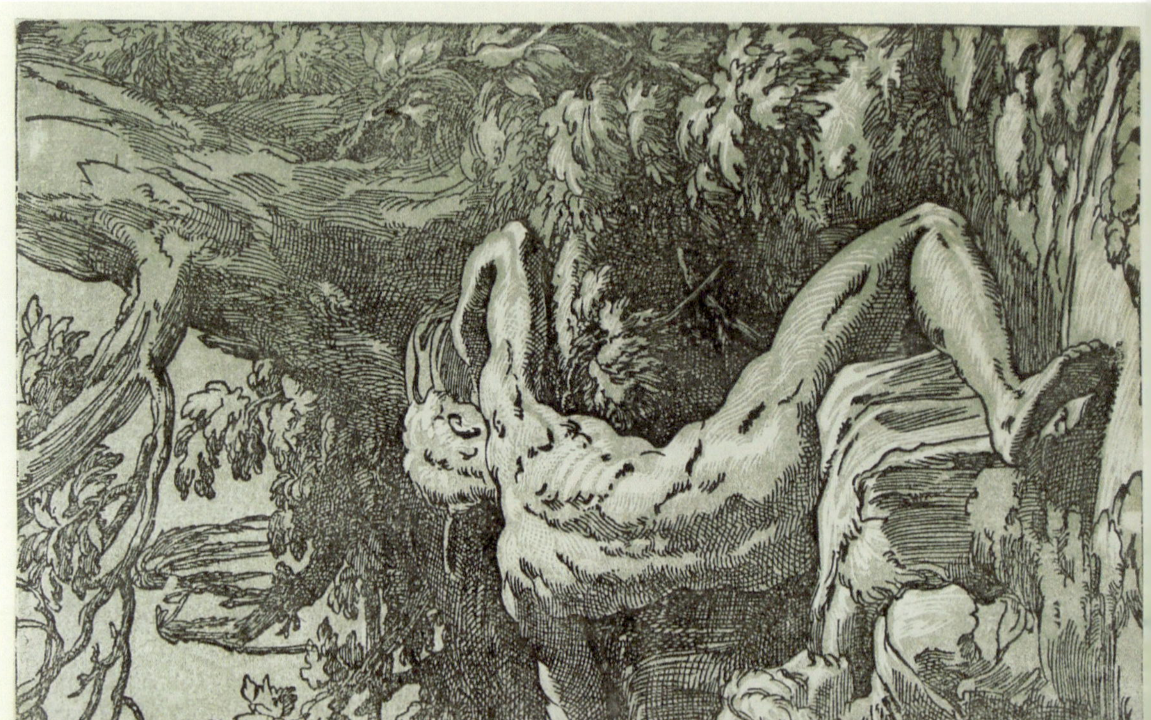

Antonio da Trento

***1508 †1550**

—

Männlicher Rückenakt

Narziss und Echo, nach Parmigianino

Chiaroscuro-Holzschnitt von 2 Platten auf Bütten
28,1 x 17,8 cm

—

Über Ugo da Carpi[9], dessen Schüler Antonio da Trento gewesen sein soll, schreibt Achim Gnann, er habe seine Clair-obscurs „im Unterschied zu den deutschen Künstlern[10] selbst geschnitten".[11] Wenn auch die Frage, ob die deutschen Künstler des reinen Schwarzlinien-Holzschnitts nicht mindestens zeitweise ihre Stöcke selbst schnitten, durchaus nicht so pauschal zu beantworten ist, so wirft Gnanns lakonische Feststellung doch ein bezeichnendes Licht auf den grundsätzlichen Unterschied zwischen einer Druckausführung in Schwarz-Weiß oder in Farbe.

Da Carpi war Maler, wurde aber gerade für seine Umsetzungen von Zeichnungen Tizians, Raffaels und Parmigianinos in den Chiaroscuro-Schnitt berühmt. Er entwarf jedoch nie selbst Motive für seine Holzschnitte. Trento setzte sogar ausschließlich Entwürfe Parmigianinos um. Hingegen waren die vorgenannten deutschen Künstler gerade für die zeichnerischen Entwürfe, also die Bilderfindung selbst verantwortlich[12].

Worin liegt also der Unterschied, der einmal den Erfinder, ein anderes Mal den Übersetzer eines Motivs zum offiziellen Schöpfer des Werkes macht?

Die Antwort ist wohl nicht nur in den verschiedenen Werkstatt- bzw. Ausbildungssituationen in Deutschland und Italien zu suchen, sondern auch in der Verschiedenheit der umzusetzenden Vorlagen. Dürer z. B., der sein Handwerk in einer großen Nürnberger Malerwerkstatt (die auch die Massenillustration von Büchern in Holzschnitt besorgte[13]) erlernt hatte, hätte jederzeit seine monochromen Entwürfe selbst schneiden können und hat es anfangs wohl auch getan.[14] So wie der Chiaroscuro aber insgesamt malerischer ist, waren auch die Vorlagen dazu in Italien anders, nämlich lavierte und mit Weiß gehöhte Federzeichnungen. Diese waren noch dazu in nicht wenigen Fällen als Vorstudien für andere Ausführungen als den Holzschnitt geschaffen worden, vom Altarbild über den Gobelin bis zum Deckenfresko. Wenn also weder Tizian noch Raffael noch Parmigianino selbst je einen Chiaroscuro-Holzschnitt eigenhändig verfertigt haben[15], so gaben sie doch gerne die Arbeit an mit diesem speziellen Medium vertraute Kräfte ab, weil sie durch die Verbreitung ihrer Bildideen einen Zugewinn an Öffentlichkeit erwarten konnten. Die Formschneider wiederum hatten relativ große künstlerische Freiheit, wenn auch im ständigen Austausch mit und unter einer gewissen Kontrolle durch jene Künstler, deren Bildideen sie umsetzten[16]. Dabei ging es weit über reines Kopieren hinaus.

Zu Recht sehen wir also die Leistung der „Chiaroscuristen" als einen sowohl technisch als auch künstlerisch eigenständigen Beitrag zur Kunst der Renaissance.

S. 11, 17, 18

Tina Greisberger

–

si se non noverit

Siebdruck auf Spiegel in Filztasche und Leinenkassette
33 x 34,5 cm
Auflage: 5

Unikat mit Sockel, Glassturz und Lichtinstallation
169 x 31 x 31 cm

–

geboren 1989 in Salzburg
- studierte 2009 – 2011 an der Werbe Design Akademie Salzburg
- studiert seit Herbst 2011 Bildende Kunst an der Universität für angewandte Kunst Wien, Abteilung Grafik | Druckgrafik
- 2013 vorgestellt in der Talentebörse von Ö1

Die Kunst ist wohl ein Feld, das für Narziss bestellt wurde, muss sie sich doch immer wieder den Vorwurf gefallen lassen, sie sei so mit sich selbst beschäftigt, dass sie der Welt verloren gegangen sei. Tina Greisberger schafft mit ihrem Objekt „si se non noverit" eine Verbindung zum Mythos von Narziss und Echo in einem faszinierenden Spiel von Spiegeln. Das auf zwei verschiedenen Spiegeln sich selbst gegenüberstehende Bild erschließt sich nur dem, der die Haltung des Narziss – versunken im eigenen Spiegelbild – einnimmt, wobei die unendliche Spiegelung wie ein ewiges Echo der Wahrnehmung eine neue Dimension schafft.

Die Einzigartigkeit als Grundlage der Verliebtheit in das Selbst ist durch die Auflage der Arbeit schon wieder ins Absurde geführt, obwohl das in der Galerie gezeigte Objekt, als Unikat in sich gekehrt, nur kleine Einblicke gewährt.

si se non noverit –
wenn er sich nicht kennt
N: Ist jemand hier?
N: Komm!
N: Was fliehst du vor mir?
N: Lass uns hier zusammenkommen.
N: Hände weg, lass die Umarmungen!
Eher will ich sterben als dir gehören.
N: Wehe!
N: Ach vergeblich geliebter Knabe!
noverit –
er kennt
E: hier
E: Komm!
E: Was fliehst du vor mir?
E: Zusammenkommen
E: dir gehören
E: Wehe!
E: Ach vergeblich geliebter Knabe!

Text zu „Si se non noverit", Ovid: Narcissus und Echo, 3,339 – 510;
in: ders.: Metamorphoses – Verwandlungen, Liber III

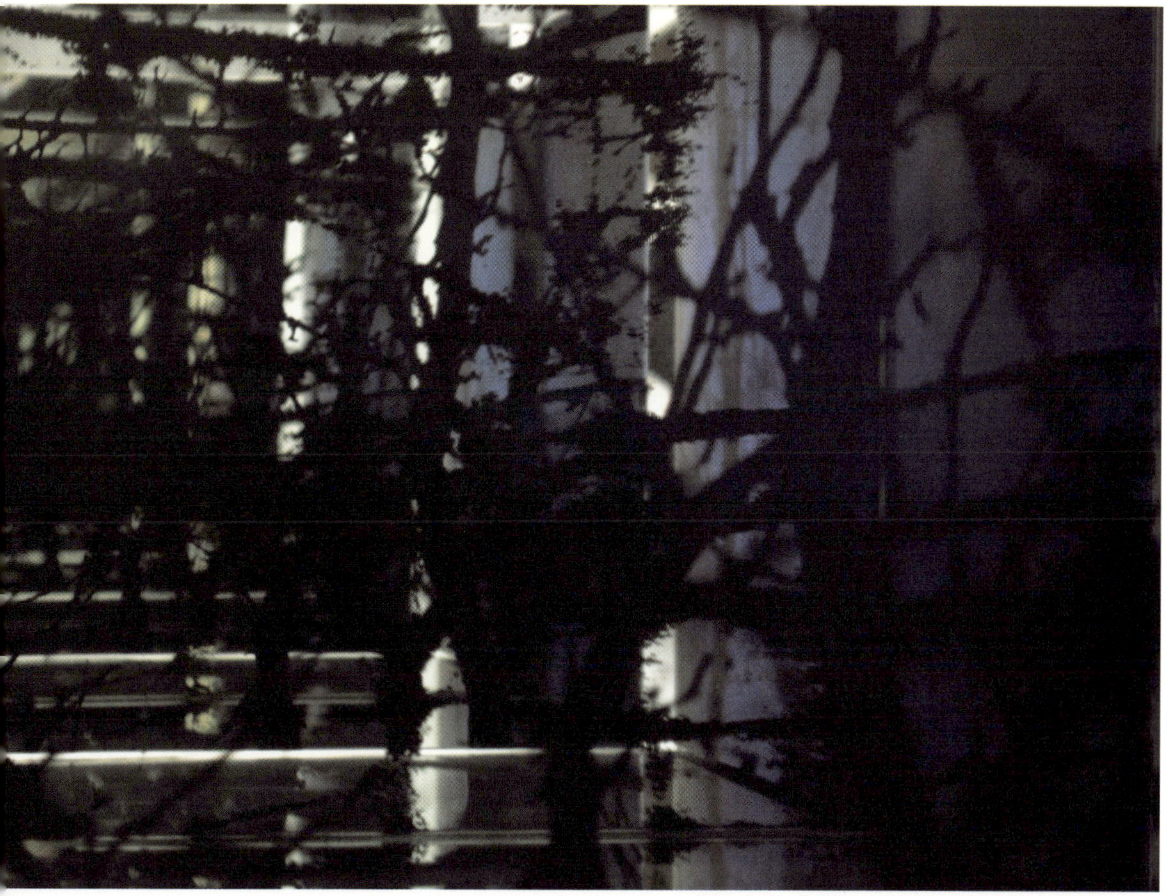

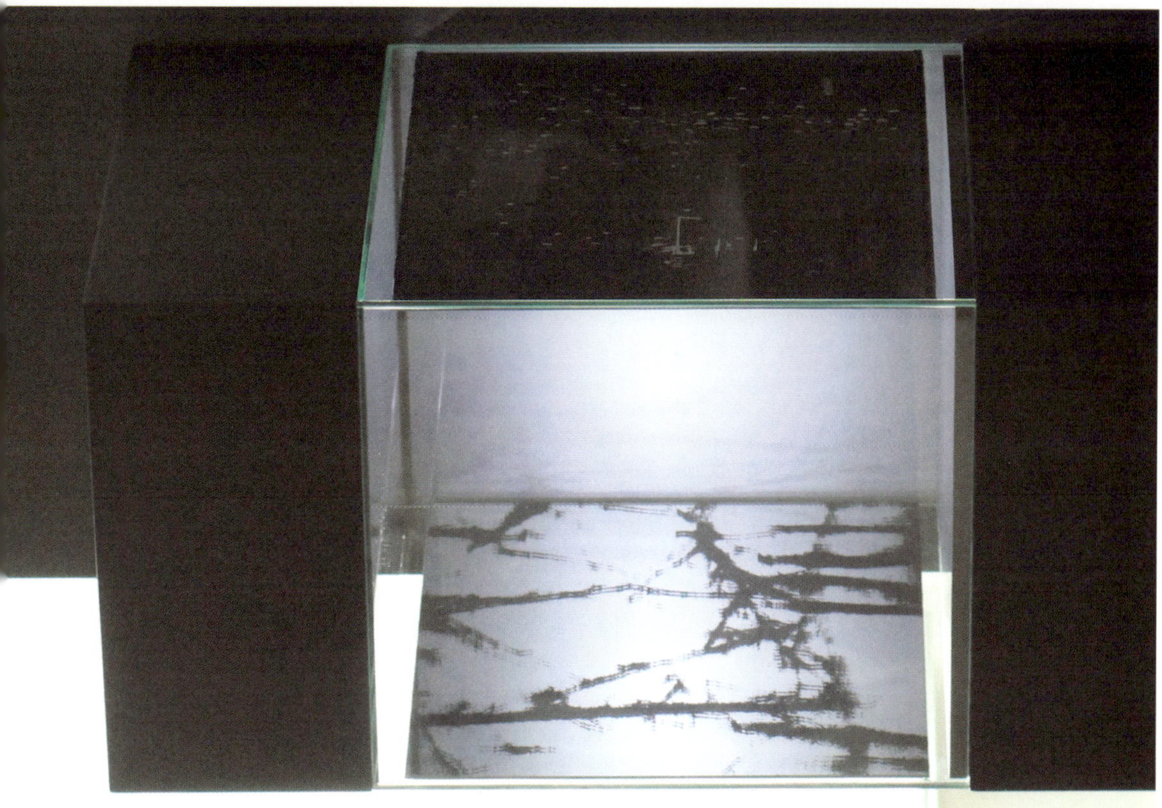

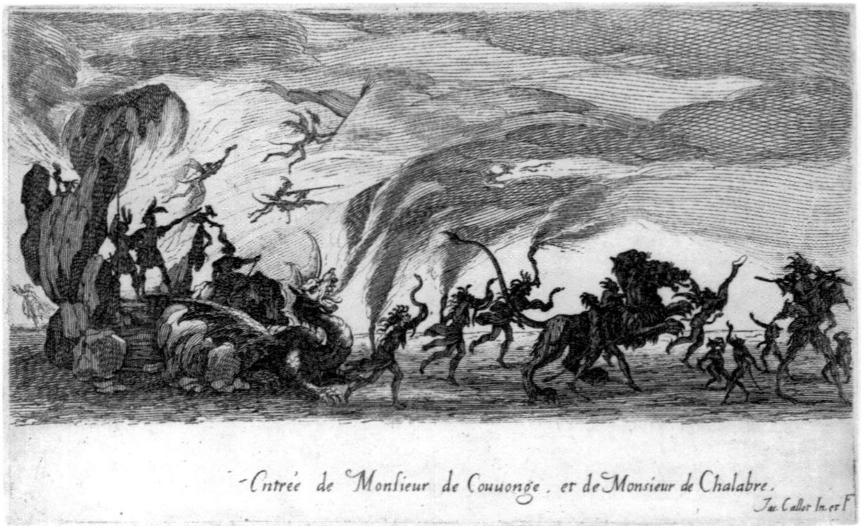
Entrée de Monsieur de Couuonge, et de Monsieur de Chalabre.
Jac. Callot In. et F.

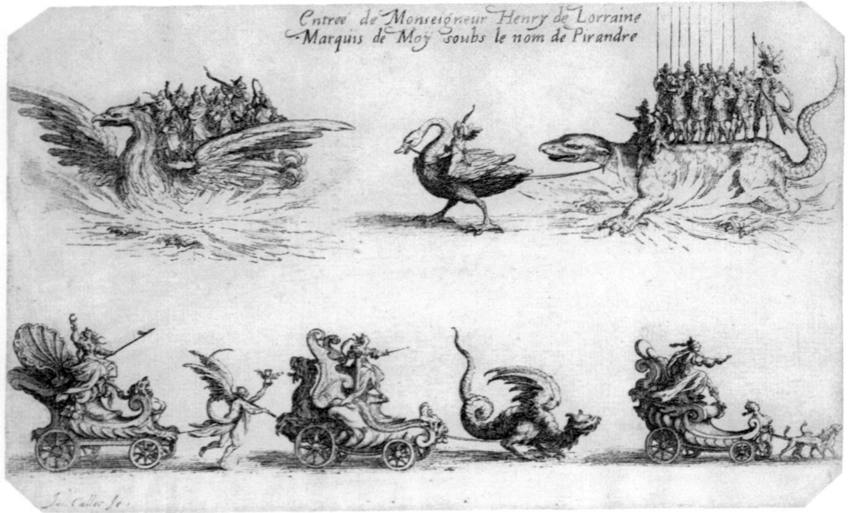
Entreé de Monseigneur Henry de Lorraine
Marquis de Moy soubs le nom de Pirandre

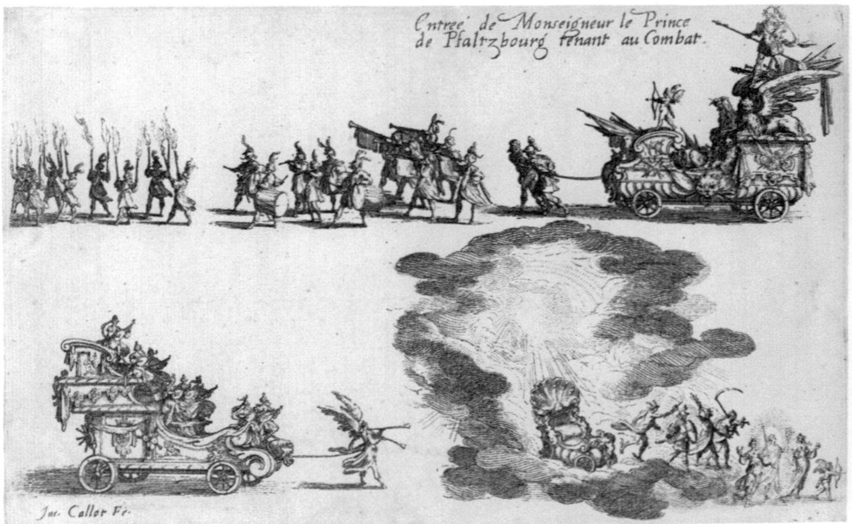
Entreé de Monseigneur le Prince
de Pfaltzbourg tenant au Combat.
Jac. Callot Fe.

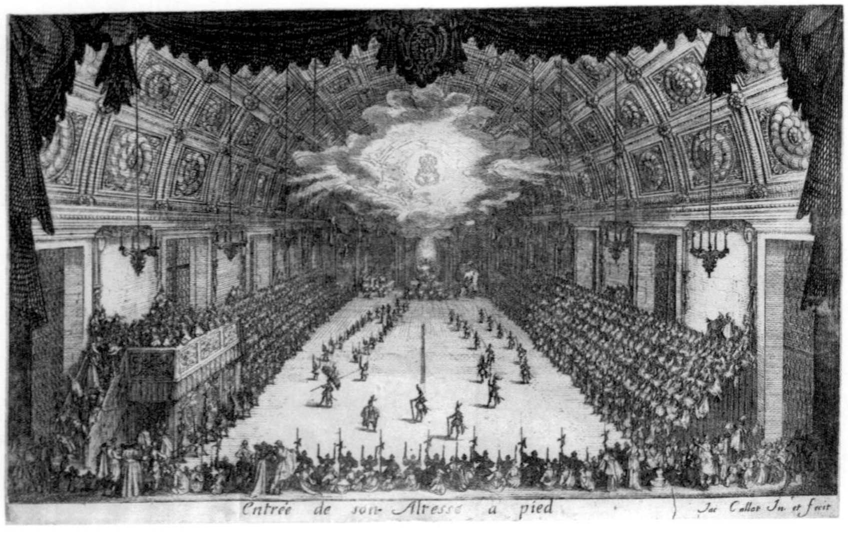
Entrée de son Altesse a pied
Jac. Callot In. et fecit

Jacques Callot

***1592 †1635**

—

Combat à la Barrière

Entrée de Monsieur de Couvonge et de Monsieur de Chalabre
Entrée de Monseigneur Henry de Lorraine, Marquis de Moy soubs le nom de Pirandre
Entrée de Monseigneur le Prince de Pfaltzbourg tenant au Combat
Entrée de son Altesse à pied

Vier Radierungen auf Bütten
15,3 x 24,1 cm
in der Platte signiert; aus der 14 Blätter umfassenden Folge „Combat à la Barrière", mit einem Text von Henry Humbert, erschienen bei Sébastien Philippe, Nancy 1627

—

Der dem kartesianischen Zeitalter des neuen „Wirklichkeitsbewusstseins" entstammende Callot verbrachte seine Jugend in Nancy, dessen Hof mit dem Florentiner verwandtschaftlich verbunden war und wo er schon durch seinen Vater mit Festaufzügen und Schauspielen vertraut wurde. Im Florenz der „Trionfi", „Combattimenti" und der ersten Opern, aber auch der „Commedia dell'Arte", die sich aus den spätmittelalterlichen Narren- und Fastnachtspielen entwickelt hatte, empfing Callot entscheidende Impulse für seine im wahrsten Sinne des Wortes „phantastischen" Radierungen, die er in einer von ihm erfundenen neuen Radiermethode auf hartem Ätzgrund („vernis dur") und mit der „échoppe"[17] schuf.

Callot kam aber auch unmittelbar mit den Auswirkungen des Dreißigjährigen Krieges in Berührung, dessen auf unheimliche Weise sachlicher Chronist er in den „Misères de la Guerre" wurde und damit zum Vorgänger Goyas. Callot überlebte zwar Krieg und Pest, fiel aber erst 43-jährig einer offenbar durch das häufige Ätzen verursachten Krankheit zum Opfer, nachdem er 1380 Radierungen und Kupferstiche geschaffen hatte.

Im „Combat" verewigte Callot ein prunkvolles Fest, das Karl IV. von Lothringen zu Ehren der Herzogin von Chevreuse gab. Die Herzogin hatte nach einer Verschwörung gegen Kardinal Richelieu in Nancy Asyl gefunden. Sechs Jahre später verlor der Herzog seine Regierung an Ludwig XIII. und musste sich mit einer dreißigjährigen Besatzung seiner Hauptstadt abfinden. Callot aber hätte sich laut E.T.A. Hoffmann[18] eher den Daumen abgeschlagen, als die Einnahme Nancys, wie von Richelieu befohlen, zu verewigen. Im „Combat" vereinigt sich eine Mischung aus historischen Figuren, mythologischem Personal und Fabeltieren zu einem zwischen Traumgebilde und scharfer Beobachtung changierenden Triumph der Phantasie.

S. 18

1 S. 18

Louis Szapary

—

Der Triumphzug des Heinz Fischer

Kaltnadel und Grabstichel auf Plexiglas, aquarelliert
4 Platten à 28 x 84
Auflage: 8
Auch als Leporello in Leinen gebunden, 29,5 x 85,5 cm

—

geboren 1993 in Wien

› lebte bis 2012 in Dobersberg, Niederösterreich und Vero Beach, Florida (USA)
› maturierte 2011 am Bundesrealgymnasium Waidhofen an der Thaya, Niederösterreich, Highschool Abschluss an der St. Edward's School in Vero Beach
› studiert seit 2012 an der Universität für angewandte Kunst Wien, Abteilung Grafik | Druckgrafik

Ein Triumphzug ist im Allgemeinen ein öffentlicher Anlass – auch wenn er nur als Druck auf Papier und nicht auf der Straße stattfindet. Besondere Berühmtheit hat der Triumphzug Kaiser Maximilians erlangt, auch für Louis Szapary ist er von Bedeutung. Seine Version eines Triumphzuges hat alles Pathos abgelegt und zeigt Österreich mit der spitzen Kaltnadel der Satire. Diesen etwas traurigen Zug von Berühmtheiten aus Politik, Sport und öffentlichem Leben ritzt und kratzt er in Acrylglas, von dem er die langen Bögen druckt.

Louis Szapary karikiert die Nation und nutzt dabei den Gegensatz zwischen Format und Inhalt. Die Vorbilder der Personendarstellungen finden sich in der Boulevard-Presse, die von den Celebrities, die sie zeigt, selbst profitiert und von der sich die Abgebildeten immer wieder Profit erhoffen.

Am Boulevard überschneidet sich die Funktion des publizierten Triumphzuges mit der bejubelnden Homestory oder der affirmativen Fotostrecke. Die Karikatur wird am meisten gefürchtet, wenn sie sich wie von selbst verbreitet. Mit Auflagen und Reproduktion stehen die Mittel dafür bereit.

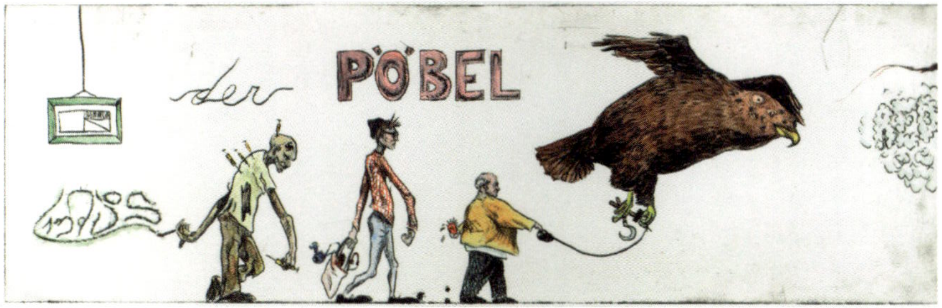
der
PÖBEL

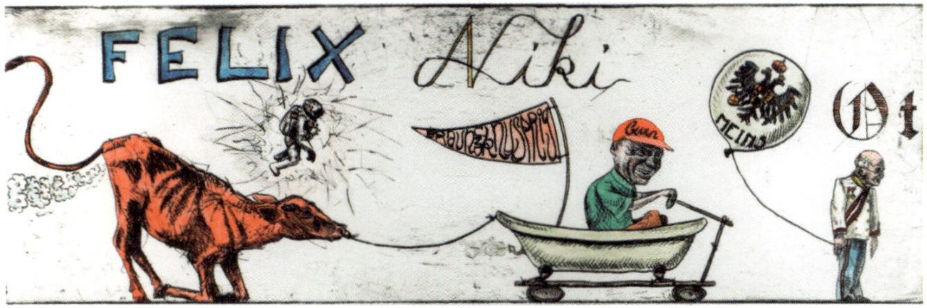
FELIX
Niki
MEINS

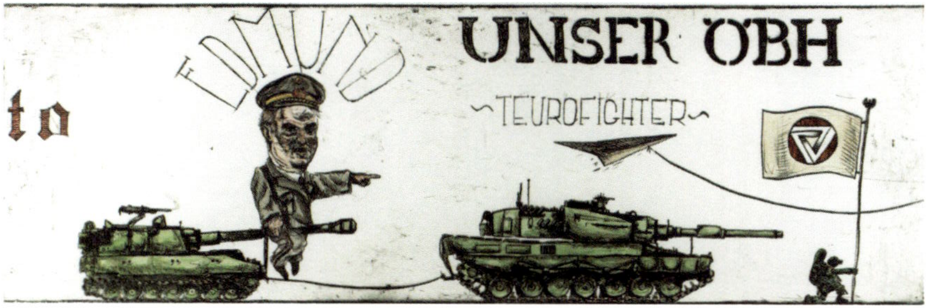
to
EDMUND
UNSER ÖBH
TEUROFIGHTER

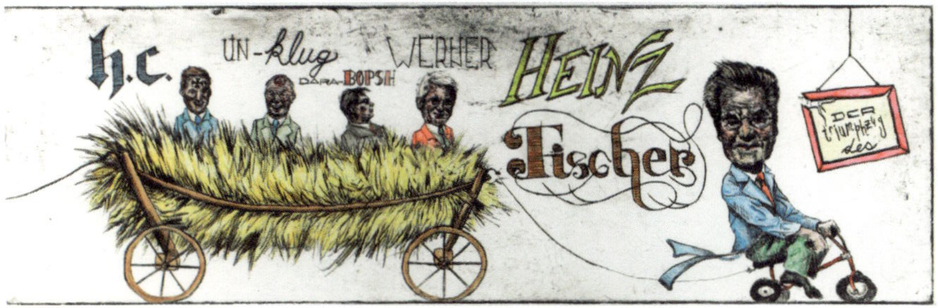
h.c.
UN-klug
BOPSCH
WERNER
HEINZ
Fischer

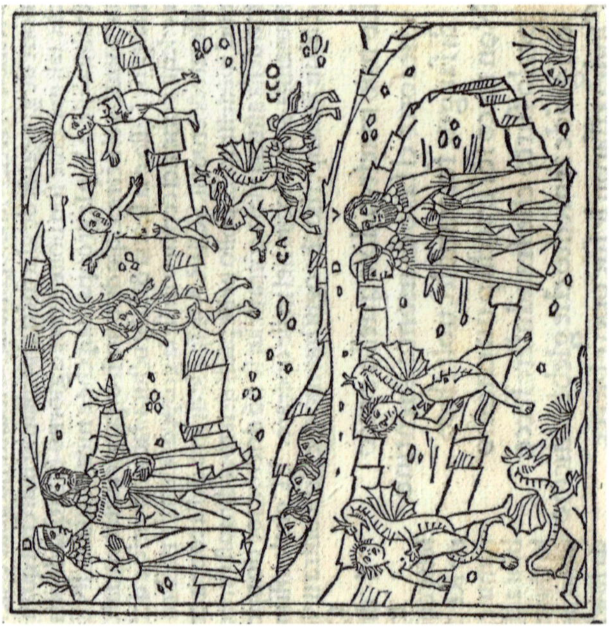

S. 11

Meister des Pico della Mirandola

(zugeschrieben)

tätig ca. 1469 - 1505

—

Cacco

Holzschnitt auf Bütten
8,2 x 8,2 cm
aus: Dante Alighieri, La Commedia, gedruckt von Bernardinus Benalius und Matteo Capcasa, komm. von Cristoforo Landino und hg. von Pietro da Figino, Venedig 1491

—

Die „Göttliche Komödie", besonders der erste Teil „Inferno", in dem Vergil Dante die für Maßlosigkeit, Bosheit und Verrat spektakulär Bestraften durch zehn Höllenkreise hindurch vorführt, diente Generationen von Künstlern als Inspirationsquelle.

Unsere mit „La Prima Cantica di Dante" überschriebene Abbildung aus einer venezianischen Inkunabelausgabe zeigt den 7. Graben aus dem nach der jeweiligen Art der Untat in zehn Gräben aufgefächerten 8. Kreis der „Unteren Hölle", wo berühmte Diebe und Räuber von echsenartigen Schlangen gepeinigt werden. Der Künstler hat dabei das von Dante namentlich angeführte Personal minutiös übernommen. So wird Vanni Fucci aus Pistoia von einer Schlange angefallen, worauf er verbrennt, um sogleich – wie Phönix aus der Asche – wieder zum ganzen Schattenleib zu erstehen. Der antike Viehräuber Cacus, bei Dante als Zentaur dargestellt, wird von einem feuerspeienden Ungeheuer gepeinigt, worauf er davon galoppiert. Der Florentiner Dieb Agnello Brunelleschi verschmilzt mit einem Schlangenwesen zu einem ungeschlachten Monstrum, während die wie in einer filmischen Überblendung dargestellte Verschmelzung und der nachfolgende völlige Austausch[19] der Körper der beiden Diebe Buoso Donati und Francesco Cavalcanti (dieser in Gestalt einer sechsbeinigen Schlange) den Höhepunkt der Szene bilden.

Es griffe zu kurz, die Vereinfachung in der Darstellung der menschlichen Physiognomie, wie sie charakteristisch für den frühen italienischen Buchholzschnitt ist[20], bloß dem Unvermögen des Künstlers zuzuschreiben. Entgegen einer in der Malerei bereits in der ersten Jahrhunderthälfte durch Künstler wie Jan van Eyck und in der Grafik spätestens bei Dürer erreichten Individualisierung der menschlichen Züge gehen diese Illustrationen (auf ähnliche Weise wie später der „Cartoon" oder „Comic Strip") von dem Universalanspruch aus, dass jeder sich darin erkennen solle.

Wir danken Herrn Hans Werner Sokop – Übersetzer der Commedia ins Deutsche und intimer Dantekenner – für die Bildauslegung.

Jeremias Altmann

–

Ein ganz gewöhnlicher Freitag Nachmittag

Mischtechnik auf PVC
190 x 190 cm

–

geboren 1989 in Wien

- seit 2006 intensive Auseinandersetzung mit Graffiti und Streetart
- besuchte 2007 – 2011 die WienerKunstSchule und diplomierte mit ausgezeichnetem Erfolg
- studiert seit 2010 an der Universität für angewandte Kunst Wien, Abteilung Grafik | Druckgrafik
- Ausstellungen und Ausstellungsbeteiligungen in Österreich, Deutschland und Ungarn

Als Dante mich anrief und fragte „Yo, Jerrino, Alter, was geht?!“, war mir klar, er wollte nichts, als das, was er nicht sonst auch immer will. Es ist nämlich immer das Gleiche mit diesem Dante. Zuerst ist er topmotiviert irgendwo hinaufzuklettern, dann sieht er angeblich gefährliche Tiere und als Nächstes läutet entweder bei Vergil oder mir das Telefon: „Ihr müsst mir unbedingt helfen!“

Vergil (ich nenne ihn meistens V-Man) und ich haben mittlerweile eine Abmachung:

Wenn Dante besonders nervig ist, teilen wir uns die Arbeit. V-Man begleitet ihn, solange er es irgendwie aushält, dann übernehme ich. Beim nächsten Mal läuft es umgekehrt.

Jeden, dem wir begegnen, muss Dante begrüßen und ihm überflüssige Fragen stellen. Dabei haben die Meisten offensichtlich gerade genug zu tun. Gleichzeitig fürchtet Dante sich aber auch vor fast allem, was er sieht. Beim letzten Mal hat V-Man ihn tragen (!) müssen. Ein erwachsener Mann muss getragen werden, weil er sich vor dem Weitergehen fürchtet. Das liest sich vielleicht originell, aber nach der dritten oder vierten Aktion dieser Art vergeht einem der Spaß. Nachhaltig.

Letzten Freitag war es wieder so weit. V-Man hat nicht lang ausgehalten und aus Verlegenheit Dante bei mir anrufen lassen. Super.

Was dann geschah, können Sie sich jetzt ja vorstellen oder dem Bild entnehmen. Mir reicht es jedenfalls.

Jeremias Altmann

8 S. 11, 19

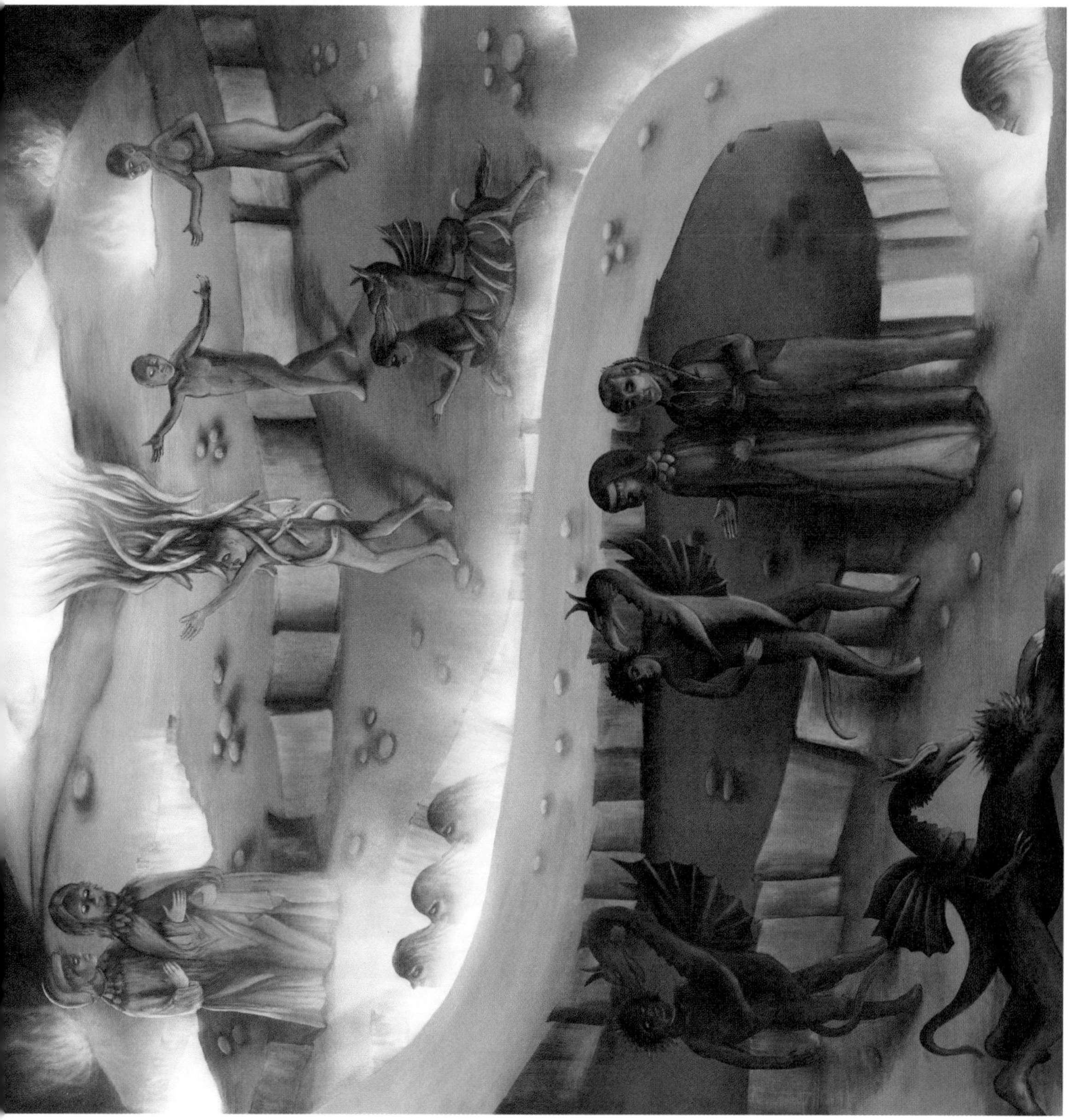

NARCISSVS VIII.

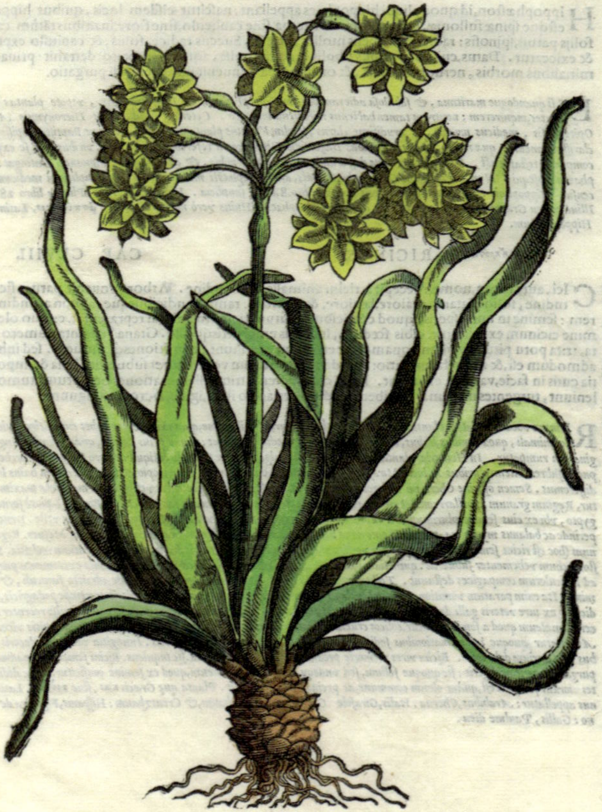

HIPPOPHAES. CLVI.

HIppophaes, quo fullones vestes interpolant, in sabulosis, maritimisque nascitur, surculaceo frutice, vndique denso, & [a] largo : foliis oleæ longioribus, mollioribusque : inter quæ candicantes spinæ emicant, siccæ, angulosæ, interstitio quodam distantes : flores hederæ corymbis similes, racematim cohærent, minusculi tamen, & molles, candidi, ex parte rubescentes · radix lacteo succo mader, crassa, mollis, amara, gustanti : ex qua perinde ac thapsia, succus eximitur. qui per se, & cum erui farina subactus, siccatur, & ad vsum reconditur. Syncerus pituitas, bilem, aquasq; deiicit, oboli pondere : erui verò farina subactus, quatuor obolis, cum aqua mulsa. Frutex cum radicibus siccatus tunditur, & cum aquæ mulsæ dimidia hemina tritus datur. Radice, & herba liquamentum depromitur, vti in thapsia. huius in purgationibus modus est drachma.

a Meum. [illegible] iquc amplo.

linctu; liquescitq; subiecta linguæ. hæc Dioscorides. Ex quibus palàm est voluisse Dioscoridem Tragacanthæ lacrymam non solam, & per se tantùm, sed in eclegmate cum melle paratam linguæ esse subijciendam, vt clarissimorum medicorum institutione fieri adsolet cum bechicis catapotijs, & diatragacanthæ trochiscis, quibus ipsa commiscetur. Quippe cùm oporteat medicamenta, quibus aspera arteria, pulmo, ac pectus vniuersum expurgari debent, quadam temporis diuturnitate ore retenta, vel linguæ subdita sensim, leniterq; liquescere, ut commodè in tracheam percolentur arteriam, voluit hic Dioscorides eclegmatis vsum recta methodo describere. Nam si huiusmodi medicamenta deuorarentur, nihil prorsus proficerent, cùm ita non in pectus & pulmones deferantur, sed in ventriculum. Huic & alia accedit ratio, quòd si intellexisset Dioscorides lacrymam per se tantùm linguæ submittendam, subiunxisset quidem, ut sui moris est, quibus in morbis id factitandum esset. quandoquidem planè absurdum videretur scribere, quòd aliquod gummi linguæ subijciatur, paulatimq; liquescere cogatur, ac deinde silentio inuoluere, quibus in morbis id faciendū. His itaque rationibus non modò rectè, meo quidem iudicio, intelligi potest voluisse Dioscoridem, eclegma, quod Tragacanthæ lacrymam exceperit, linguæ subijciendum esse, non ipsam tantùm lacrymam; sed etiam Monachos in hoc, vt aliàs sæpe, deceptos esse. In collyrijs oculorum addita Tragacanthæ lachryma non solùm humorum acrimoniam in oculos defluentium retundit, sed oculos quoque roborat, & longè magis adstringit, quàm sar-

TRAGACANTHA.

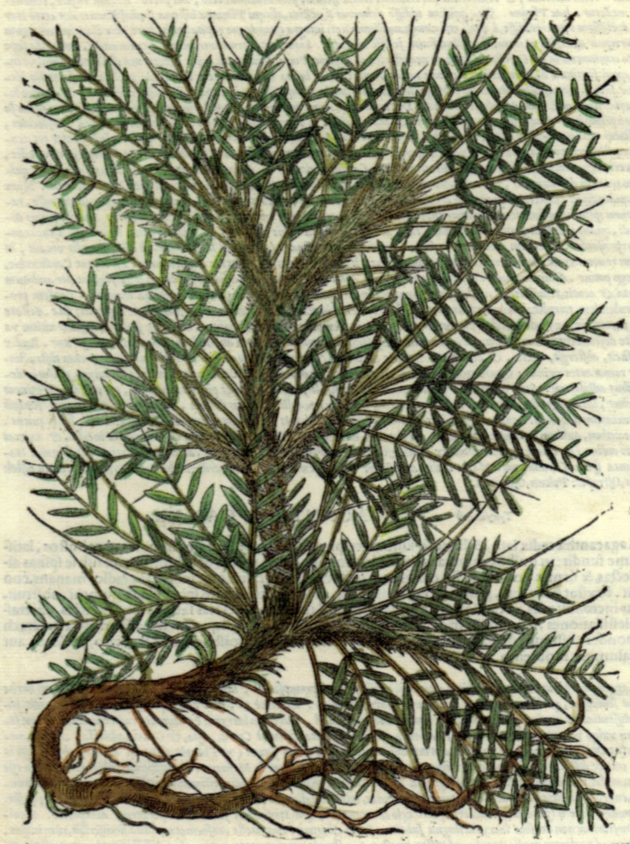

Anonym

–

Narcissus, Tragacantha

2 Holzschnitte auf Bütten, alt handkoloriert
aus einer der „Dioscoride"-Ausgaben des Pietro Andrea Mattioli (Niccolò Bascarini/Venedig 1544, Vincenzo Valgrisi/Venedig 1548, 1550, 1551, 1554)

–

Den Hochdruck, präziser den Holzschnitt, machten sich sowohl die führenden Botaniker als auch Pharmazeuten – deren Disziplinen im Europa des 16. Jahrhunderts nicht streng unterschieden waren – dienstbar, da er ein hochwirksames Vervielfältigungs- und Verbreitungsmedium war.

Als Botaniker und Leibarzt des Erzherzogs Ferdinand von Tirol steht Pier Andrea Mattioli auf Grund des Umfangs und der Zugangsweise bei der Schaffung seines wissenschaftlichen Œuvres in einer Linie mit dem Katalogisator des Pflanzenreiches der Neuzeit, Leonhart Fuchs. Mattioli, der sich an den Methoden der Spätantike orientierte, war darauf bedacht, mit seinen Illustrationen den botanisch-pharmazeutischen Identifikations- und Differenzierungsansprüchen der Wissenschaft zu genügen.

Selbst wenn es sich nicht um eine wissenschaftliche Arbeit handelte, standen Auftraggeber und Ausführender eines Bildwerkes damals keineswegs in einem egalitären Verhältnis zueinander. Speziell bei einem botanischen Werk hatte sich die Abbildung auf die Darstellung der wissenschaftlich relevanten Merkmale der abgebildeten Pflanzen zu konzentrieren. Der ästhetische Aspekt findet sich im harmonischen Bildaufbau, in dem die Pflanzenmotive und die Textteile unter ein gestalterisches Gesamtkonzept – Layout! – gestellt wurden.

Die wissenschaftlichen Modelle der Botanik unterlagen im Laufe der Jahrhunderte einer ständigen Modifizierung, der ästhetische Wert der Drucke stellt sich hingegen als zeitlos heraus.

Laura M. Steiner

Laura Steiner

–

Identität – Differenz

Papierobjekt
Ø 45 x 7 cm

–

geboren 1987

- studiert Malerei an der Universität für angewandte Kunst Wien und Philosophie an der Universität Wien
- in folgenden Medien vorrangig künstlerisch tätig: Collagen aus grafischen und fotografischen Elementen mit starker Verknüpfung zu erkenntnistheoretischen Fragestellungen

Vor dem Hintergrund des Mattiolischen Werks, das die damals bekannte Flora katalogisierte und beschrieb, beschäftige ich mich in meiner Arbeit mit den sich kaskadisch aufbauenden und interferenziell vernetzten Denkmodellen, die die Verwandtschaftsbestimmungen und Gliederungsstrukturen der Pflanzenwelt im Lauf der Geschichte immer wieder revidierten und ersetzten. Diese Denkmodelle verbinde ich mit tiefer gehenden philosophischen Fragestellungen, womit ich den biowissenschaftlichen Horizont des Katalogisierens, Gliederns und Beschreibens verlasse. Die Umsetzung erfolgte durch ein visuelles Modell in Form eines Papierobjekts. Dieses manifestiert in einer aufstrebenden Bewegung erkenntnistheoretische Thematiken aus polaren Spannungsfeldern: Idee vs. Phänomen, Identität vs. Differenz und Einheit vs. Vielheit. Dabei stelle ich mich den Fragen: Ist die Strukturiertheit der Natur etwas, das wir in ihr finden können, oder ist sie vielmehr etwas, das wir in sie hineinlegen? Begnügen wir uns mit der empiristisch-biowissenschaftlichen Kurzschlusslösung schlichter Gegebenheiten, oder schlagen wir den spektulativ-idealistischen Weg ein, der nach den, mit Kant gesprochen, einheitsbildenden Funktionen unter unseren Vorstellungen fragt?

Damit kreise ich um den Ereignishorizont der platonischen Idee, die auch Goethe bei seinen botanischen Forschungen und seiner vergeblichen Suche nach der „Urpflanze“ nicht zu umgehen vermochte. Er musste einsehen, dass die Idee zwar in allem west, jedoch keinen Ort hat. Somit bleibt die metaphorisch visualisierte Idee in meinem Modell frei von allen Vorstellungs-, Formungs-, Manifestations- und Darstellungsversuchen – sie besetzt die zentrale Leerstelle.

Laura M. Steiner

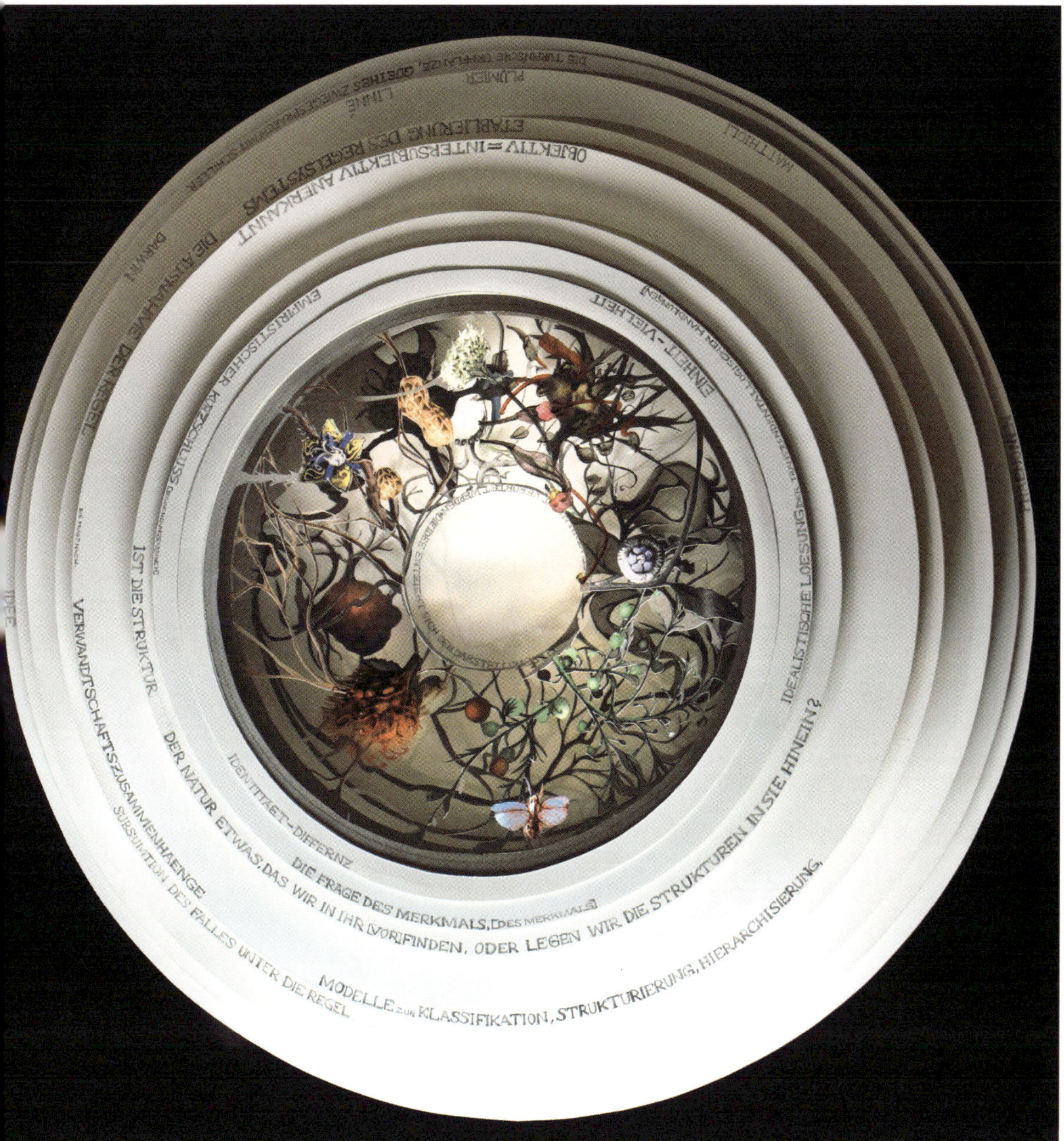

DIE TURNISCHE URPFLANZE, GOETHES
PLUMIER
LINNÉ
MATTHIOLI
ETABLIERUNG DES REGELSYSTEMS
OBJEKTIV = INTERSUBJEKTIV ANERKANNT
DARWIN
DIE AUSNAHME DER REGEL
EMPIRISTISCHER KURZSCHLUSS
EINHEIT - VIELHEIT
IDEALISTISCHE LOESUNG
IDEE
VERWANDTSCHAFTSZUSAMMENHAENGE
IST DIE STRUKTUR
DER NATUR ETWAS, DAS WIR IN IHR [VOR]FINDEN, ODER LEGEN WIR DIE STRUKTUREN IN SIE HINEIN?
IDENTITAET - DIFFERNZ
DIE FRAGE DES MERKMALS, [DES MERKMALS]
SUBSUMTION DES FALLES UNTER DIE REGEL
MODELLE ZUR KLASSIFIKATION, STRUKTURIERUNG, HIERARCHISIERUNG,

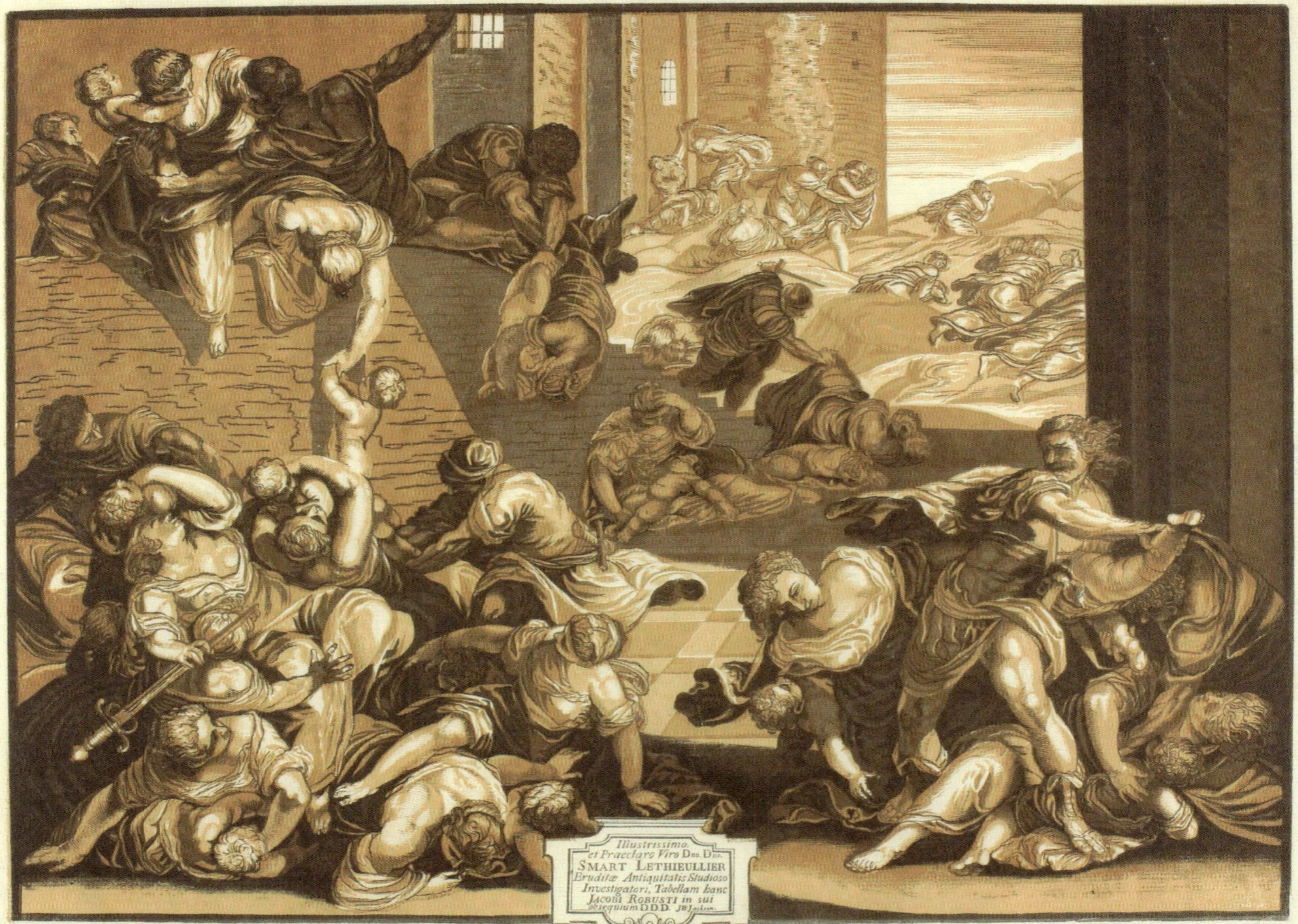
Illustrissimo.
et Praeclaro Viro Dno. Dno.
SMART LETHIEULLIER
Eruditæ Antiquitatis Studioso
Investigatori, Tabellam hanc
JACOBI ROBUSTI in sui
obsequium D.D.D. JB Jackson.

John Baptist Jackson

* ca. 1700 † ca. 1777

—

Der bethlehemitische Kindermord

nach Tintoretto

Clair-obscur-Holzschnitt auf Bütten
39,5 x 54 cm
in der Kartusche bezeichnet: *„Illustrissimo, / et Praeclaro Viro Dno. Dno.* / SMART LETHIEULLIER / *Eruditae Antiquitatis Studioso / Investigatori, Tabellam hanc / JACOBI ROBUSTI in sui / obsequium D.D.D. JB: Jackson.“*
aus: „Titiani Vecelii, Pauli Caliarii, Jacobi Robusti et Jacobi de Ponte; opera selectiora a Joanne Baptista Jackson, Anglo, ligno coelata et coloribus adumbrata.“, hg. von J. B. Pasquali, Venedig 1745

—

„Der bethlehemitische Kindermord“ war Bestandteil einer während 4½-jähriger Tätigkeit in Venedig entstandenen Serie von Clair-obscur-Holzschnitten Jacksons nach 17 großformatigen Ölgemälden venezianischer Meister, darunter die berühmte Kreuzigung von Tintoretto aus der Scuola Grande di San Rocco, wo sich auch der „Kindermord“ (original 4,22 x 5,46 m) befindet. Jackson schnitt für die komplette Serie 94 großformatige Holzstöcke und verwendete dabei auch extensiv reinen Blinddruck (embossing), der den Blättern mehr „boldness [...] which pleases a true Taste more than all the little Exactness found in the Engravings on Copper Plates [...]“ geben sollte.[21]

Jacob Kainen, Jacksons Biograph, urteilt gleichzeitig mit Bewunderung und einer gewissen Zurückhaltung, die die Jackson-Rezeption seit jeher charakterisierte:

„One characteristic was shared in common by all the early chiaroscurists; their work always reproduced drawings, usually in exact size. Jackson added a new dimension to the medium in 1735 by beginning to work after oil painting. His attempt to convey their scale, solidity, and tonal range, while retaining the woodcut's breath of execution, was perhaps carrying the chiaroscuro into complexities for which it was not suited. The method called for extraordinary talents in planning, drawing, cutting and printing, and it resulted in impressions that could not escape a certain heaviness of effect when compared with traditional work. Jackson's prints in this style are both daring and original, but no later woodcutter had either the desire or the temerity to follow his example. The method remained a dead end in chiaroscuro.“[22]

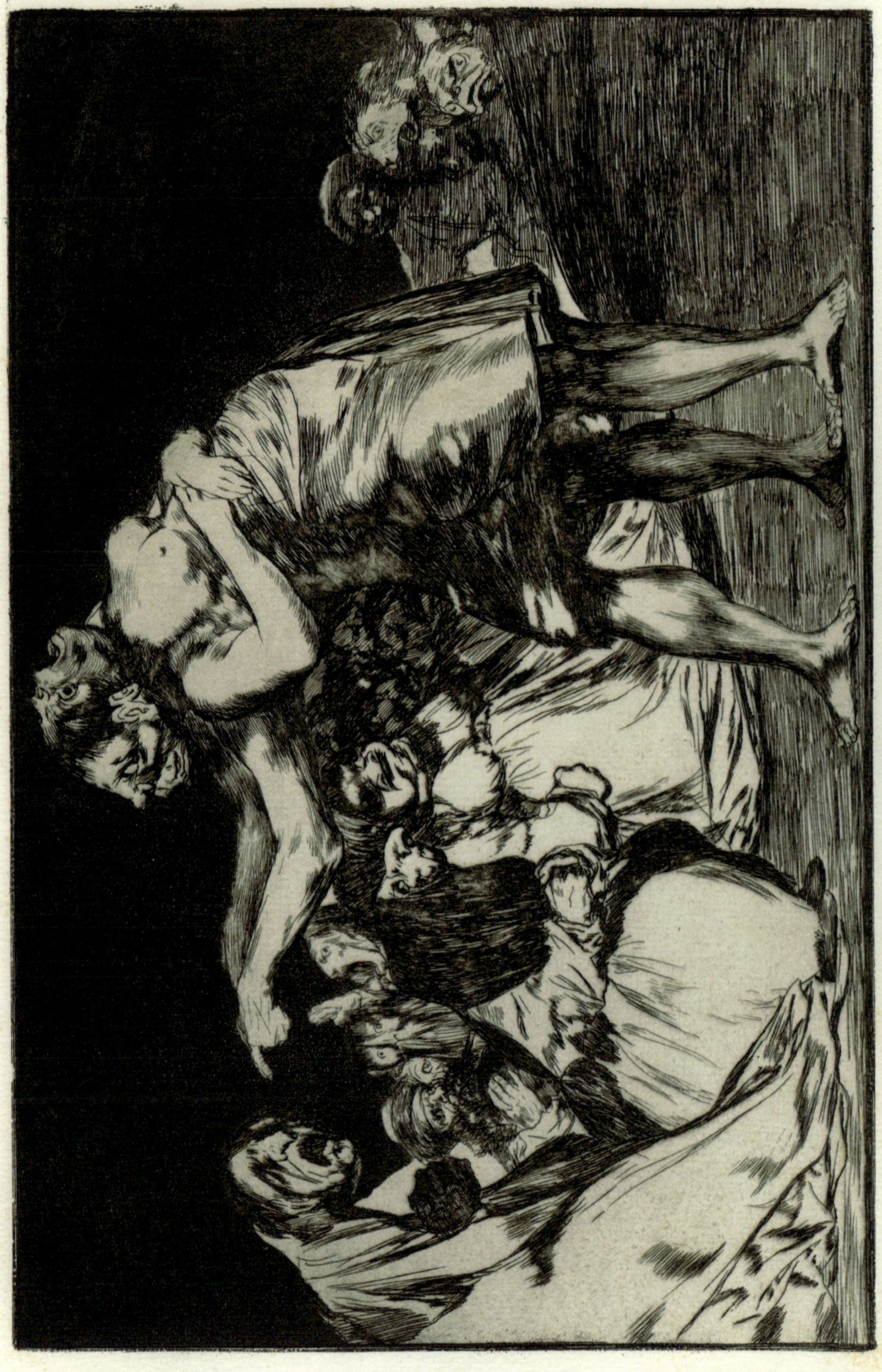

Francisco Goya

***1746 †1828**

—

Disparate matrimonial

Radierung, Kaltnadel und Aquatinta auf Bütten
21,5 x 32,3 cm
Nr. 7 aus den „Disparates“ (Titel der Erstausgabe „Los Proverbios“, veröffentlicht 1864 von der Real Academia de San Fernando, Madrid), Harris 254 III, 3. oder 4. Auflage

—

Das Paradoxe an Goyas Grafikfolgen ist, dass sie gut dokumentiert sind, man aber nach Studium der einschlägigen Literatur dennoch mit einer seltsamen Leere zurückbleibt, die in krassem Gegensatz zum Gefühlsüberschwang steht, der einem bei Betrachtung eines beliebigen Goyablattes überfällt.[23]

Dies betrifft im besonderen Maße die letzte, unvollendete Serie, die erst 36 Jahre nach dem Tode des Künstlers erstmals unter dem irreführenden Titel „Los Proverbios“ im Druck erschienen ist. Von Goya selbst überliefert sind die Begriffe „Disparates“ (Torheiten) für einige Bildtitel und „Sueños“ (Träume) als ein in Betracht zu ziehender Übertitel für die ganze Serie. „An dieser Folge ist alles ungewiss“, schreibt Werner Hofmann[24], „Titel, Umfang, Entstehungszeit, Reihenfolge und schließlich der Inhalt der einzelnen Blätter.“

Die Torheiten mit ihrem Symbolcharakter verweisen auf die mittelalterliche Tradition des „Narrenschiffs“, während der Begriff des Traums (der auch schon ein zentraler Topos der „Caprichos“[25] war) das Feld um eine psychologische Komponente erweitert. Wunschtraum des Aufklärers und privat erlebter Albtraum vermischen sich hier mit einer „romantischen Ikonographie [und] ihrer weit zurückreichenden und mannigfaltig gebrochenen Tradition“[26].

Die „eheliche Torheit“ mag als Realsatire und Anklage gegen die restriktiven Ehegesetze Spaniens während der Restauration gedacht sein. Im weiteren Sinn findet der frühere Hofmaler und nun die Einsamkeit suchende Goya in ihr ein erschreckendes Symbol für die Janusköpfigkeit oder Zwitternatur des Menschen, der – gleichzeitig Täter und Opfer, Beherrscher und Beherrschter, Schuldiger und Unschuldiger – in hoffnungslosem Kampf um die Klärung seiner Identität verstrickt ist. „Kann uns niemand losbinden?“ hatte Goya ein ikonografisch ähnliches Blatt der Caprichos benannt.

Benjamin Nachtigall

–

Familyplanning

8 Radierungen
(Aquatinta, Strich- und Pinselätzung) auf Bütten
je ca. 30 x 20 cm
Auflage: 15

–

geboren 1988 in Wien

› studiert seit 2009 an der Universität für angewandte Kunst Wien, Abteilung Grafik | Druckgrafik
› zeigte 2012 seine Arbeiten an der Ö1 Künstler Börse
› 2013 in „Careful what you wishbone“ in der Galerie am Schillerplatz

Zu „Familyplanning“ schreibt Benjamin Nachtigall:

„Hinab in den Schlot, hinab mit euch, ein Fass ohne Boden!
Rauch steigt auf.

Ein Nachtlicht brennt noch, züngelt unruhig in diesem schummrigen Licht, so zart wie Seidenpapier. Ich Erinnere mich an früher als wir spielten, fantastisch!

Versteck dich, heimlich in der Dunkelheit wo die Schatten zuhause sind, dort wos Dumpa wird. Kopf in den Sand, dort sieht uns keiner, sie kommen um uns zu holen.

Ja kein mucks machen, sie können dich riechen, mit ihren Großen Spitzen Schnäbeln, hörst du?!
Es blitzt Golden, welch eine Freude so ein unfassbarer Reichtum, wir sind Reich, wir sind Reich! Das ist meins! Meins! Lass mich los ich habs zu erst gesehn!

Die Wolken ziehen auf, bedecken den Himmel als müsste er zu Bett gehen.
Zu spät schon, die Kerze flackert noch ein letztes Mal, gleich ists aus. Erloschen.“

Mit klassischen Radierungen nähert sich der Künstler dem Kindsmord und den damit verbundenen Ängsten vor Machtverlust. Bilder wie aus Träumen lassen reale Ängste fassbar erscheinen, hin und wieder werden diese auch mit einem Augenzwinkern vertrieben.

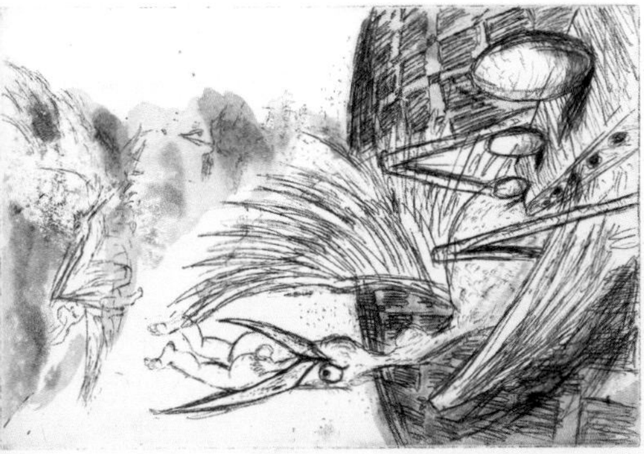
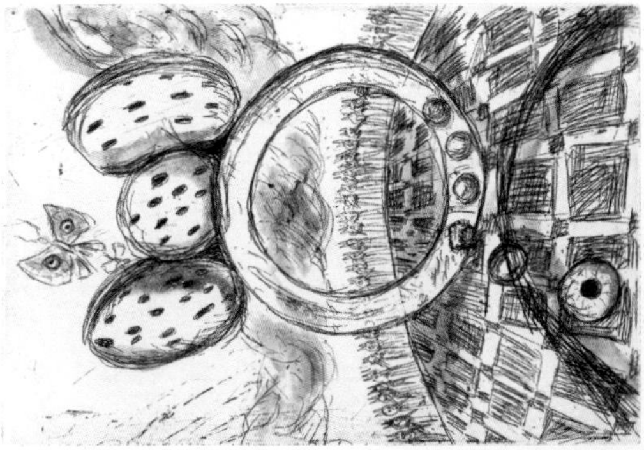
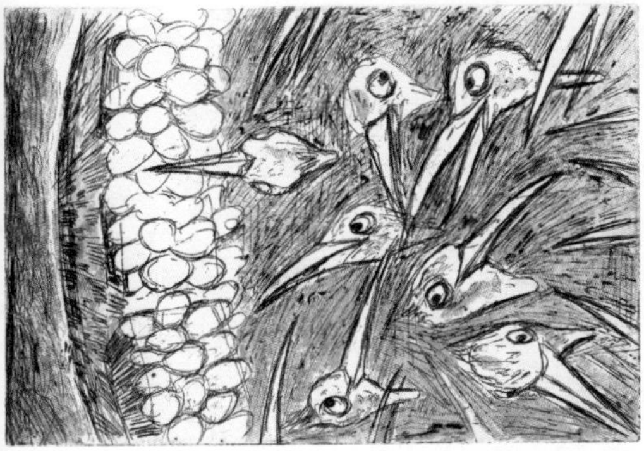
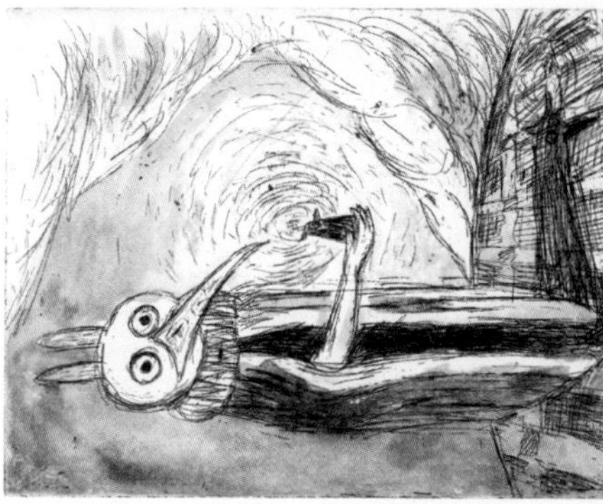
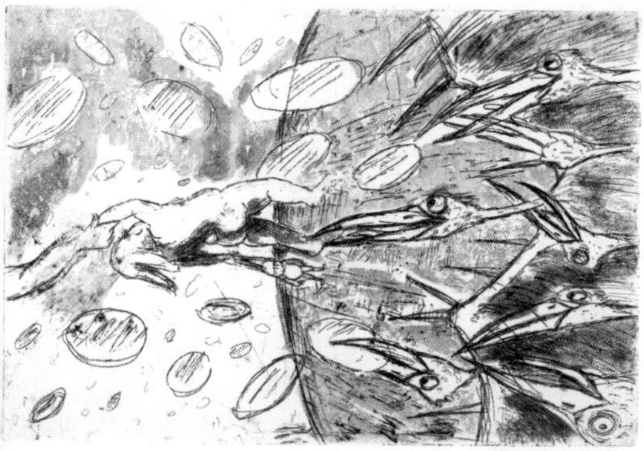
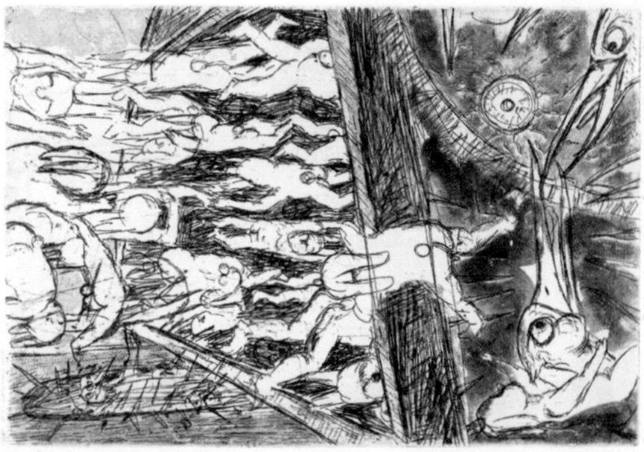
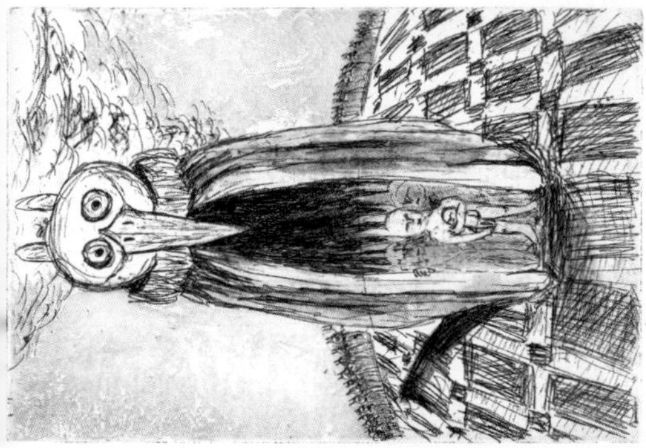
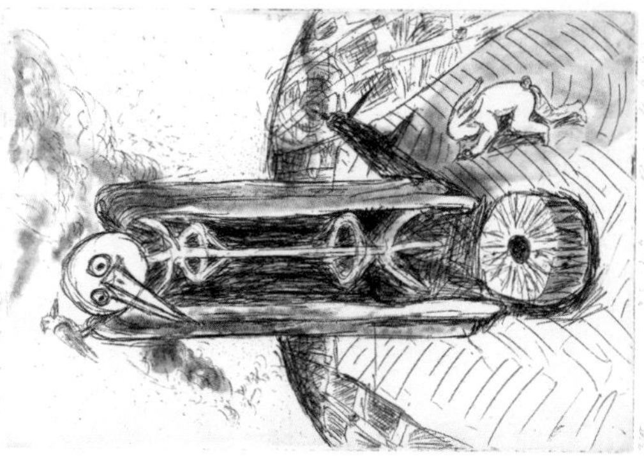

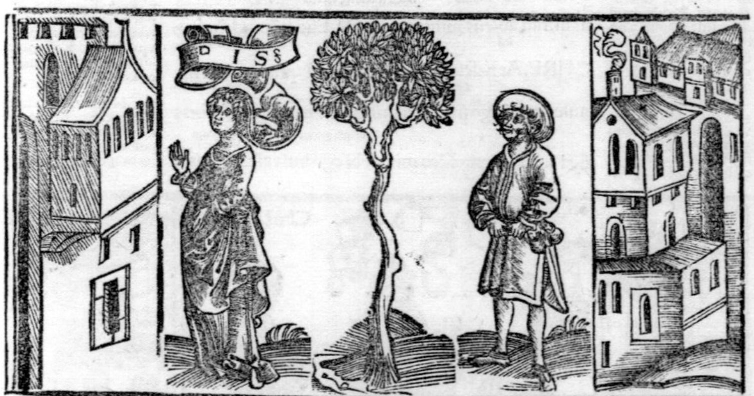

In hac. 14 scena. Semigrauis inducitur vino chremes priorū memor titubās in presentibus vt vere apperi solent.
a At at Interiectio est paulatim percepti atq; intellecti mali.
b Data, verba fraus facta dicta hercule verba a milite. An a meretrice cuius iā pridē dolum malū in omni re suspectū. An magis a vino. q̄si captioso aliquo data verba sunt quia bibere dulce est. ebriū fieri turpissimum adeo his que sequunt quasi subtilem fraudē ebrietatis inducit Plau. de vino pedes captat primo luctator dolosus. Vir devua. Tētatura pedes olim vincit uracq; linguam.
c Quā videbar. Nihil elegantius nō dixit videbar mihi tunc esse sobrius. sed vt hoc ipm iam erroris esset ac violētie accumulatio videbar inquit mihi nimium sobrius pulchre fortiter ac nimis.

CHREMES PITHIAS

a T at data hercle verba mihi sūt. vicit me vinū
quod bibi. Ac dum accumbebam/ q̄ videbar
mihi pulchre esse sobrius. Postq̄ surrexi: neq; pes / neq;
mens satis suum officium facit. PIT. Chreme. CRE qd
est? hem pythias. vah quanto nūc formosior videre mi/
hi q̄ dudū? PI. Certe quidē pol mūlto hilarior. CRE. ver
bum hercle hoc verum: sine cerere & baccho friget ven⁹.
Sed thais multo ante venit? PI. an ne abijt iam a milite
CHRE. Iamdudum ætatem. lites sunt factæ inter eos
maxime. PIT. nihil dixit. tum vt sequerer sese. CHRE.

loqui quæ sobria est. Illum vero ex vino falli. & honorifice atq; vt sobria non dixit temulentior aut lasciuior sed alacrior.
h Sine cerere et bacho friget ven⁹. Hoc ē ad sententiam reuoces non cōuenit ad ebriosi petulantiam quā sic ante dictū est. nam & improbior factus est. & cum tropice locutus sit, tamen ordinem naturalem seruauit, nam primū cibum deide potum postremo libido venerea
i Friget aūt. Quia omnis eiusmodi voluptas in calore sanguinis constituta est qui his rebus alitur. Et friget proprie non adheret. translatū enim hoc prouerbium friget a picatione vasorū que frigidam picem nō tenent cum alia multo meliora sunt ad vium frigida vt ferrum argentum aurum et cetera huiusmodi. nam sic alibi vbi friget huc euasit. Et vide tres memmias cerem liberum venerem.

d Satis suū. Bene non enim omnino non facit. nam hec insani est. sed nō satis facit quod ebrietatis.
e Quid est hem pythia. Satis miro exemplo mutatā credit postq; ipse mutatus est.
f Quanto nunc formosior. Hoc multum achademicos iuuat. qui vt aiūt prout habiti fuerimus atq; affecti ita nobis aliud quod aliud videri. & ideo nihil certi cōprehēdi posse
g Certe pol quidam. Et certe & pol. vt appaiet hanc vere

k Sed. Interrogatiue pronūciandū est hoc. Et scias de his interrogationibus hūc ipsam esse in quibus ita querimus vt qui interrogantur responsuri nobis se nescire videantur.
l Iamdudum. Quia iamdudū infinite more est addit ætatem vt ostendit multum abijsse temporis vt factum est Iamdudum ætatem pro longinquo tempore. Lucilius. Vt multos mēses q; dies q;. nō ūi ætatē diu longinquoq; tpe ac plixo vt est ætas, nā sic dicim⁹ de die. & diecula aliquātulū morā.

In hac. io. scena. Ea psona quesita est que terribilem credat militē. vt eo magis in experiēdo vanus ac ridiculus esse possit. Et in hoc loco quid post scænam gestū sit. hoc est in cōuiuio militis ācilla demōstrat. vt iam quæ in proscenio gerunt ex his postsumus cognoscere.
a Nequā. Ille insanus sic assertur. vt oibus insanis miles esse noscat.
b Nā postq;. Admonet quis chremes.
c Militē rogat. Et hoc quasi de odioso milite dixit non Trasone.
d Neq; negare aude. Vt amice poscenti.
e Instare vt hominē. Vide impudentiam meretricis. primū petit vt iubeat eum admitti postea vt inuitet quod est maius.
f Id faciebat retinendi. Admonet spectatorem ne existimet alteri riuali iniuriā fieri phedriæ & simul est hic relictus locus virginis agnoscēde.
g Inuitat tristis māsit. Adolescens. s. & mansit. p remoratus est. i. recubuit. nec recessit mansit significat. Simile est māsit passus est. Sic cremes remoratus cōuiuia necessitate discessit accipiendus est.
h Tristis. Idest inuitus nō libenter vt econtra. Vt vobis lectus ego hunc candētem in littore thaurum & accipio tristis eodem modo.

QVARTVS ACTVS

DORVS ancilla.

i Ta me dij bene ament, q̄tū ego illū vidi / nō
nihil timeo misera: ne quā ille hodie insanus turbā faci
at: aut vim thaidi. Nā postq; iste aduenit chremes a/
dolescens / frater virgis militē rogat vt eū admitti iubeat.
ille cōtinuo irasci neq; negare audere. thais porro insta
re: vt hoiem inuitet. id faciebat retinēdi illius cā: qa illa q̄
cupiebat de sorore eius indicare / ad eā rem tps nō erat.
inuitat tristis / māsit ibi. illa cū illo sermonē illico occipit
miles vero sibi putare adductū ante oculos emulum. vo
luit facere cōtra huic ægre. heus: inqt: puer pamphilam
accerse vt delectet hic nos: illa exclamat. Minime gentiū
in cōuiuiū illā: miles tendere, inde ad iurgium. Interea
aurū sibi clam mulier demit. dat mihi / vt auferam. hoc
est signi: vbi primū poterit, se illinc subducet scio.

i Sermonem accipit. Sermonē colloquū dicit
k Miles vero sibi putare adductum. Et plus adductū q̄ admissum & simul quia videbat furibundū Chremē totum crimen reuocat ad Thaidem. Et hec est causa cur a milite in eius domo nullā rixam patitur chremes.
l Heus ingt puer. Hic ostenditur quod supra apparatū est. Accerse pāphilam nō, puoca, quia non actum militi.
m Vt delectet hic nos Quasi dicat q; hec non facit. Sed delectare sidici ne est. quia supra de illa dixerat. Et fidibus scire & bn̄ hic. quia insuauiter nunc tractemur.
n Illa exclamat. Nō respōdit sed exclamat.
o Minime gentiū. Hoc magis mirum minime gentium q̄ nusq; gētiū
p Miles tendere prædixit tendere quod significat pertinacē contentionē vt vasta certamine tendunt.
q Interea aurum clam sibi mulier demit. Neaurum pro virgine quod retinebat amitteret. Vel aurū demit vt esset ad fugā expeditior. vel ad rixam. Et oportune mulierem dixit non thaidē vt ostenderet militiam sexus.
r Hoc est signū vbi primū poterit. Ad quā rem signi. Vtrū hoc signi q̄obrem metuam ne quam ille hodie isanus turbā faciat rei. vim Thaidi. An hoc signi vbi primum poterit.

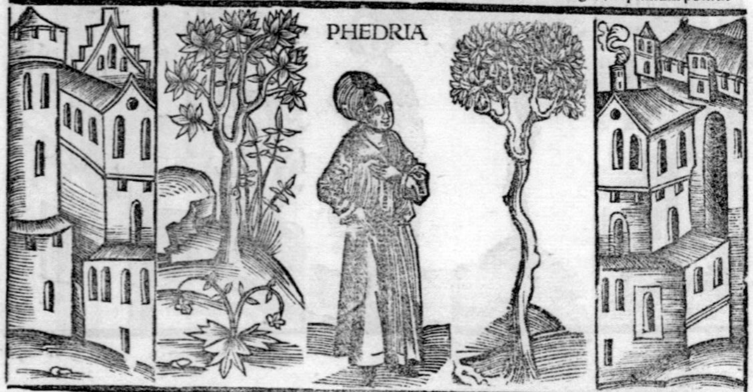

Anonym

–

Eunuchi, Phedria

Buchdruck und jeweils 5, zu einem Block zusammengesetzte Holzschnitte auf Bütten
zusammen ca. 8,5 x 15,8 cm
aus: Publius Terentius Afer: Comoediae, Johann Grüninger, Straßburg 1499

–

Die Komödien des Terenz in der Straßburger Inkunabelausgabe des Johann Grüninger präsentieren sich, ähnlich wie die Schedelsche Weltchronik von 1493 (siehe S. 97) in einem gleichermaßen komplizierten wie subtilen Layout.

Der Haupttext mit den Dialogen erscheint in einem zentralen Schriftblock und dieser wird von einem, in zwei Kolumnen gesetzten Kommentar eingerahmt. Den drei symmetrisch angeordneten Textblöcken entsprechen drei verschieden breite Satzspiegel. Jeweils über oder unter dem Text befindet sich die Illustration der Szene. Auf den ersten Blick glaubt man an eine Dreiteilung in der bildlichen Umsetzung, entsprechend der Dreiteilung des Textes und in genauer Wiederholung der Satzspiegelbreiten. In der Mitte befinden sich die agierenden Figuren nebst spärlicher Landschaftsdetails, wie Felsen, Grasbüschel, Blumen und Bäume, während links und rechts bühnenbildartige Architekturdetails mit Erkern, Zinnen, Torbögen u. dgl. den Rahmen bilden. Wir haben die Szene also doppelt vor uns, einmal als Text – gerahmt von den Kommentaren, und einmal als Bild – gerahmt von einer fiktiven Bühne.

Bei näherem Hinsehen stellt sich heraus, dass sich die Szene aus insgesamt fünf gleich breiten und hohen Holzstöcken zusammensetzt, wobei nur für die Figuren individuelle Stöcke geschnitten wurden, für die Staffage aber ein begrenztes Repertoire verschiedener Stöcke, die in unterschiedlicher Kombination immer neu angeordnet werden konnten, „not unlike the wheels of images in a slot machine“[27].

Die modulare Anordnung von Druckstöcken entspricht der Idee des Druckens mit beweglichen Lettern, so wie die Bleiletter wieder dem Prinzip des Stempels entspricht. Dieser steht dem Urgedanken vom Druck am nächsten: Bei der Wiederholung bestimmter Muster wird nicht nur eine Zusammenhang stiftende und daher leicht lesbare Spur gelegt, sondern durch den sparsamen Einsatz der Mittel auch ein Maximum an Effizienz bei der Verbreitung und also Demokratisierung von Wissen erreicht.

Antonio Lemos Froes Neto

—

Modular Story

15 Blätter mit Linolschnitten von 15 Platten, gebunden zu einem Leporello
geschlossen 18,5 x 48 cm

Keine reguläre Auflage.
Der Leporello wird auf Bestellung mit jeweils neuer Kombination der Druckplatten sowie beliebiger Blattanzahl jeweils als Unikat hergestellt.
Ein Prototyp mit handschriftlichem Text (Ausstellungsstück, Zusammenstellung so wie im Titel angegeben).

—

geboren 1988 in Korneuburg, Niederösterreich
› studiert seit 2012 an der Universität für angewandte Kunst Wien, Abteilung Grafik | Druckgrafik

Ausgehend von Bilddarstellungen von Bühnenstücken, die selbst zur Kulisse geworden sind, bringt „Modular Story“ das Spiel auf der Bühne auf den Drucktisch und macht den Künstler zum Regisseur. Für die Darstellung ist hier die Bezeichnung „blockhaft“ wohl treffend, sind es doch Blöcke, die in unterschiedlichsten Kombinationen auftreten und immer wieder neue Geschichten erzählen.

Eine Vielzahl an Kombinationen der drei mal fünf Platten füllt nun ein Leporello. Das Buch, in dem sich die Bilder formal zwischen Comic und Bühnenbild bewegen, verweist auf den Wunsch, Öffentlichkeit zu erreichen, zu publizieren, auch wenn der Druck in der Vitrine ein Unikat ist.

Antonio Neto benennt drei Erzählstränge, welche jeweils fünf Blöcke bilden.
› Mein Ich als Mensch in fünf Positionen (Ich abb.: I)
› Die fünf Sinne in Form unheimlicher Kreaturen (Kreatur abb.: K)
› Das Panorama einer Stadt, von der ich träume (Stadt abb.: S)
Aus diesen fünfzehn Platten lässt sich eine Matrize für die Kombinatorik erstellen. Im ersten Leporello, das bewusst nicht alle Möglichkeiten ausschöpft, sind folgende Kombinationen gedruckt:

Erstes Kapitel	**Zweites Kapitel**	**Drittes Kapitel**
1S-1K-1I-2K-5S	5S-2K-5K-2I-3S	3K-5S-4S-2K-4K
2S-3K-2I-4K-4S	4S-4I-4K-3K-2S	1I-4S-5S-2I-1K
3S-5K-3I-1K-2S	3S-2K-5I-1K-1S	5I-5K-1S-4K-3I
4S-2K-4I-3K-3S	2S-3K-2K-1I-5S	5S-4S-2I-2S-1S
5S-4K-5I-5K-1S	1S-3I-1K-5K-4S	5S-4S-3S-2S-1S

Neuen Kombinationen, Kapiteln und Büchern sind kaum Grenzen gesetzt, lassen sich doch durch Leerräume und Farben die Möglichkeiten unendlich erweitern.

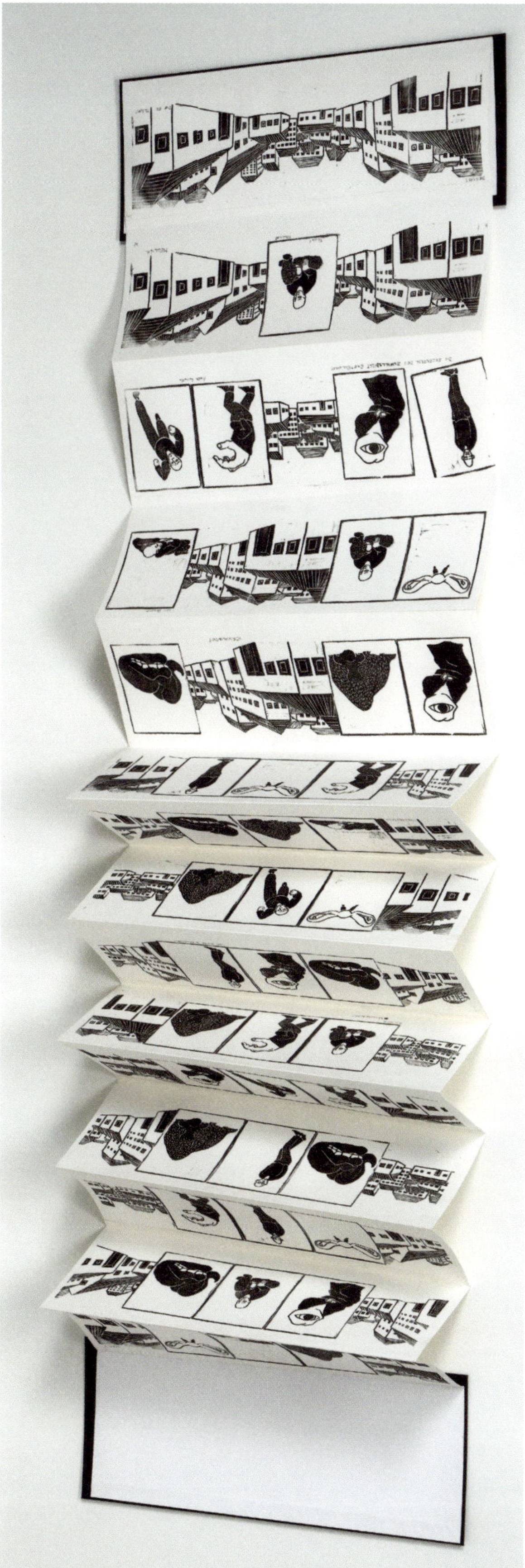

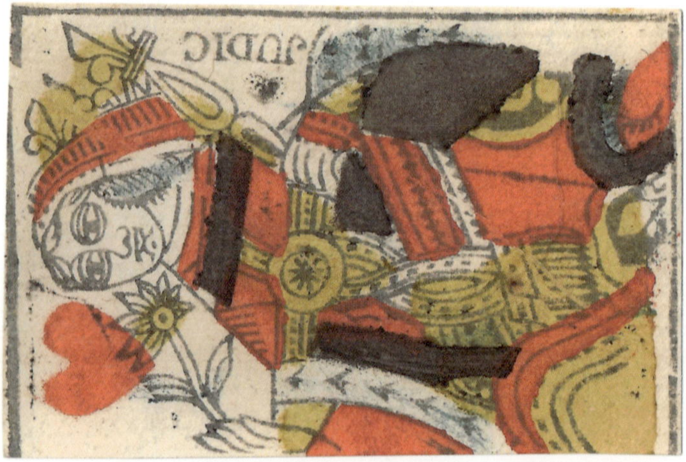
JUDIC

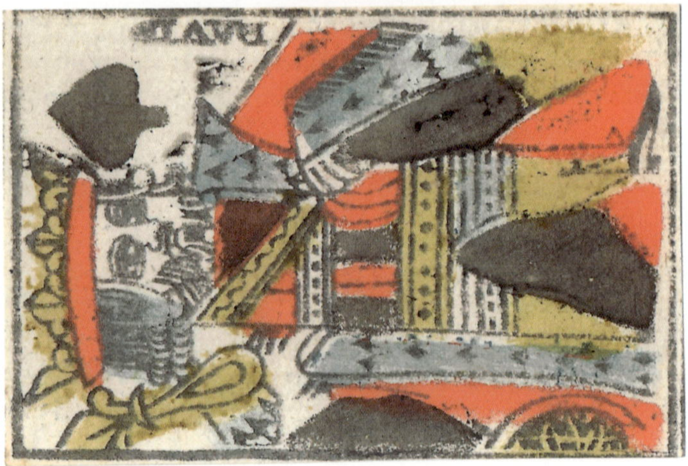

Anonym

–

Portrait d’Auvergne

Kartenspiel mit 32 Karten

Holzschnitt mit Schablonenkolorierung auf Bütten
komplett, 8,8 x 5,5 cm
Wasserzeichen Fleur de Lis, Clermont-Ferrand

–

In Frankreich wurden 1701 per Gesetz festgelegte Standardbilder für einzelne Landschaften eingeführt, die sogenannten „Portraits“. Das französische Kartenbild ist allgemein dadurch gekennzeichnet, dass Könige, Damen und Buben die Namen heldenhafter Gestalten aus Geschichte und Mythos tragen. So finden wir in unserem Spiel bei den Königen “Charles” (Herz), “David” (Pik), “Cezar” (Karo) und “Alexandre” (Treff), bei den Damen “Judic” (sic!) (Herz), “Pallas” (Pik), “Rachel” (Karo) und “Argine”, ein Anagramm aus “Regina” (Treff) und bei den Buben “Lahire” (Herz), “Rogier” (Pik) und “Hector” (Karo). Der Treffbube hat keinen Namen und trägt statt der seit 1613 aus steuerlichen Gründen verordneten Herstellerbezeichnung nur die Ortsangabe “Clermont”.

Charakteristisch für die französischen Karten vor der Revolution und in der Zeit der Restauration danach ist ihr mittelalterliches Gepräge, mit weiten Mänteln, Umhängen und Röcken der Könige und Damen, die wie Teppichmuster aussehen. Das sich dadurch ergebende Erscheinungsbild ist zweidimensional und abstrahierend. Während der Revolution verwarf man die Hierarchie der Klassengesellschaft auch in den Karten und setzte das As mit dem nunmehrigen alleinigen Herrscher – dem Gesetz – gleich, während man die Könige durch berühmte geschichtliche Vorkämpfer für die Demokratie oder einfach auch französische Dichtergrößen, die Damen durch Tugenden und die Buben durch Soldaten der Republik ersetzte.

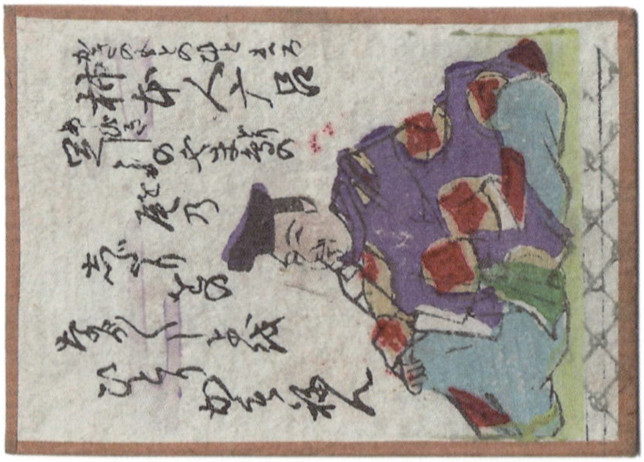

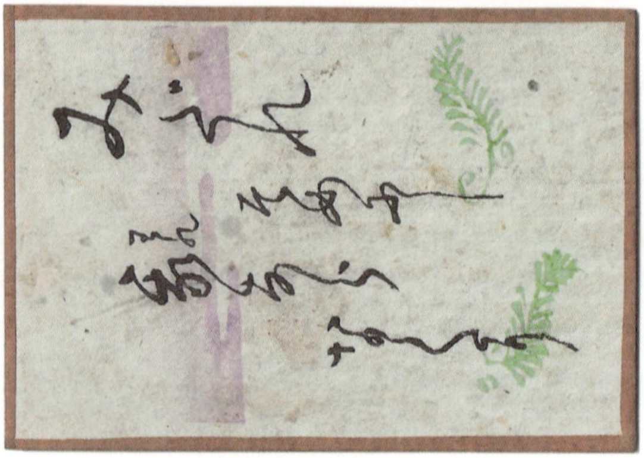

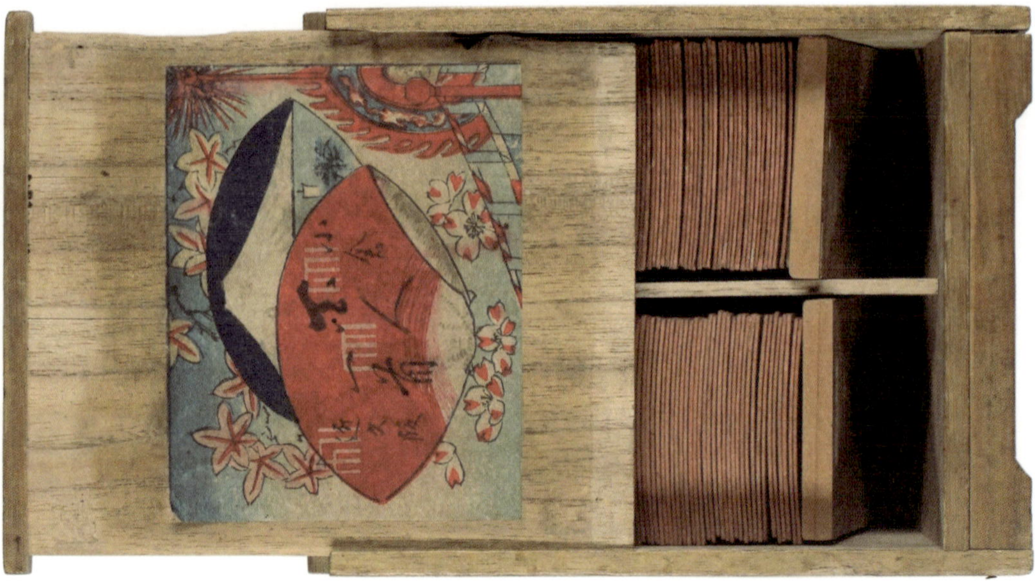

Anonym

–

Uta-Garuta

Japanisches Kartenspiel zu der Anthologie von Waka-Gedichten „Hyakunin Isshu“ (Hundert Menschen – ein Gedicht)

Farbholzschnitt auf Japanpapier, dieses auf Karton aufgezogen
200 Spielkarten (100 Yomifuda – Karten zum Lesen,
100 Torifuda – Karten zum Nehmen)
je 7 x 4,8 cm
in originalem Holzkästchen mit aufkaschiertem Farbholzschnitt auf Schiebedeckel und Handschrift in Tusche, eine Karte etwas später ergänzt

–

Uta-Garuta, oder auch „Hyakunin Isshu“, nach der gleichnamigen Gedichtsammlung, hat keine Gemeinsamkeiten mit europäischen Kartenspielen. Das Spiel wird traditionellerweise zum Neujahrsfeiertag gespielt, es werden damit aber auch schon seit Beginn des 19. Jahrhunderts Wettkämpfe ausgetragen.

Das Grundprinzip besteht darin, dass es Karten mit dem vollständigen Wortlaut eines Gedichtes (Yomifuda) und solche mit nur der letzten Zeile des Gedichtes (Torifuda) gibt. Die Torifuda-Karten werden auf dem Boden ausgelegt und sobald ein Rezitator mit dem Lesen eines Gedichtes beginnt, muss die Karte mit der passenden letzten Gedichtzeile von den Mitspielern so schnell wie möglich aufgegriffen werden. Wer am Schluss die meisten Karten hat (oder sie schneller los wird – je nach Variante des Spiels), gewinnt. Das Spiel kann mit Einzelspielern oder konkurrierenden Teams gespielt werden und erfordert ein gutes Gedächtnis, kurze Reaktionszeit und physische Schnelligkeit.

Michael Schneider

–

Die schwarzen Karten

Kartenspiel mit 48 Karten, zweifarbiger Siebdruck auf Karton, in Kartonbox mit Holzschnitt kaschiert
jeweils 6,5 x 4,6 cm
Auflage: 10

–

geboren 1967 in Innsbruck, Tirol

› studierte an der Akademie der bildenden Künste Wien und der Tokyo University of the Arts, Japan
› arbeitet seit 1990 intensiv in den Techniken des Holzschnitts und Hochdrucks, Ausstellungen in Europa, China, Japan, Korea, Kanada und den USA
› ist Adjunct Professor an der Webster University St. Louis, MO, und Senior Artist an der Universität für angewandte Kunst Wien

(K)eine Spielanleitung

Das Kurofuda 黒札 ist ein altes japanisches Kartenspiel, der Name bedeutet »Schwarze Karten«. Das japanische Spiel folgt in Gestaltung und Aufbau spanisch/portugiesischen Kartenspielen des 16. Jahrhunderts mit den Farben Espadas (Schwerter/Pik), Copas (Kelche/Herz), Oros (Münzen/Karo) und Bastos (Stäbe/Kreuz bzw. Treff). Es besteht aus 48 Karten.

Während der Edo-Zeit (1603 – 1868) isolierte sich Japan vom Ausland. Missionare mussten das Land verlassen, zum Christentum konvertierte Japaner wurden verfolgt. Wer damals ein Kurofuda besaß, musste befürchten, als Christ angesehen und diskriminiert zu werden. Deshalb wurde das Kartendesign bald »deformiert«, um die Spuren des europäischen Originals zu verwischen. Mit der Zeit wurden Kartenspiele wie das Kurofuda so hoch besteuert, dass sie immer weniger produziert wurden. Heute wird das Kurofuda hauptsächlich für KartenliebhaberInnen oder Vereine hergestellt.

Spielkarten sind ein Zeugnis für die kreative Kraft der transformativen Rezeption, die wie ein globaler Motor des Schaffens wirkt. Ideen und Bilder verändern sich schrittweise in der Kommunikation zwischen Menschen und Kulturen. Schrittweise entsteht Neues.

Meine schwarzen Karten sind ein weiterer Schritt.

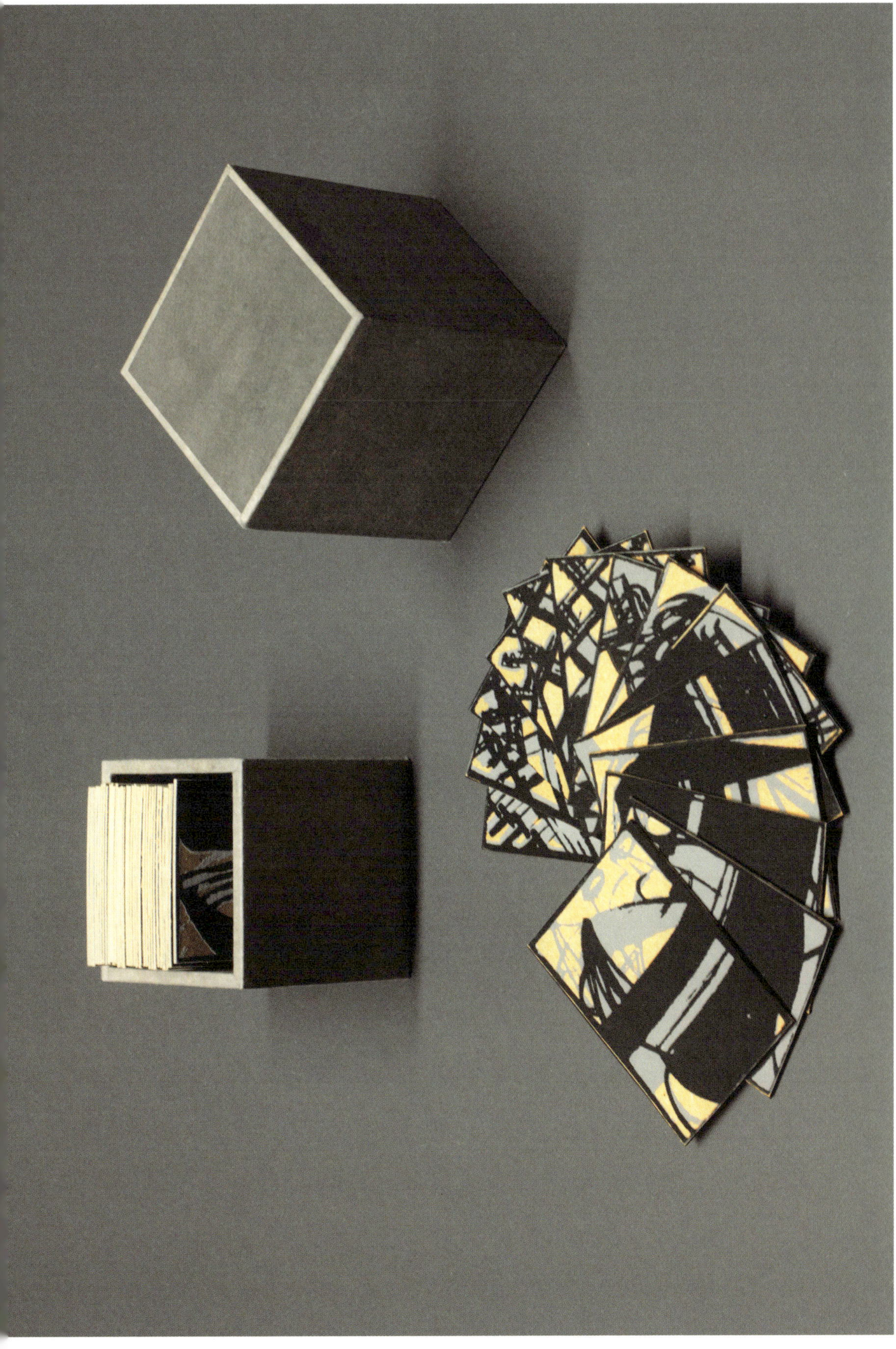

die sach nicht verstünden/betrübt warden/vnd vermaynten es bedeütete etwan ein vnglück/wiewol es jnen der Anaxagoras daruor angezaygt hette.

Abentsteren. Des Abentsterens natur/hat der Pythagoras Samius ergründt/Den selbigenn sagt man/der Parmenides hab jn am erstenn gemerckt/ wie es eben der sey/ wölchen wir den Morgenstern hayssent/ darumb das er vor der morgen Sonn aufgeet/ vnd den Abentstern/darumb das er nach nidergang der Sonnen erst scheynet/ des Laertius im neünten büch leret.

Sphera die weltkugel. Der Sphere (dz ist) der Kugel, dariñ des hiṁels lauff begriffen vnd erklärt wirt/ ist Archimedes Syracusanus (als Cicero im ersten büch der Thusculanischen fragungen bezeüget) ein erfinder gewesenn/wölchs Diogenes dem Musco züschreibet. Aber Plinius imm sibendenn büch dem Anaximandro/ oder eh (als in dem anderē büch vnnd achtende Capitel stehet) dem Alanti.

Winde. Der Wynden kunst/ sagt man der Eolus habs erfunden/ wölchs ich schätz das derhalbē geschrybē sey wordē. Dañ auß dem rauch derselben Inseln so an Syciliam stossend/ inn wölchē der Eolus geregniert hat/ sagtend die innwoner/allwegen drey tag daruor (als Strabo im sechsten/ vnd Plinius im drittē büch leren) wölche wind geen wurden/ darumb man auch vermaint hatt/das die wind dem Eolo vnderwürflich gewesen seyen.

Sterne im schyffen. Aber der sternen auffmerckūg im schiffen/lert Plinius im sybendē büch der natürlichen histori/wie sie die Phenicier erfundē habē/ jetzt gebraucht man sich des Copaß.

Wer erstlich die außmessung der welt Geometriam/ vnnd die rechenkunst Arithmeticam/erfundenn hab.

Das achtzehent Capitel.

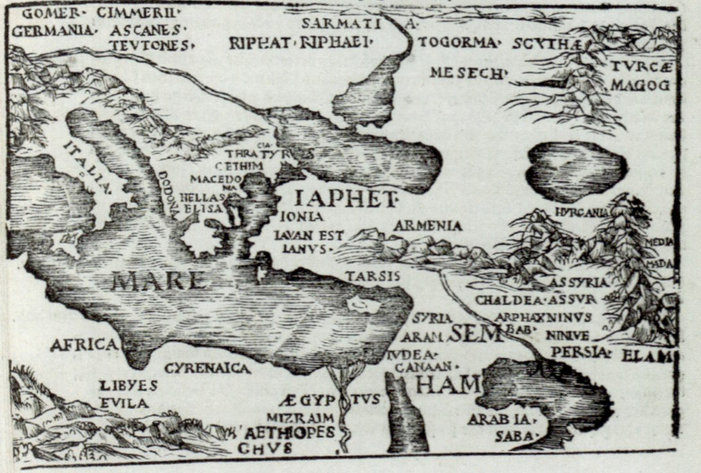

Außmessung der erden. Der fluß Nilus (als Herodotus im andern büch/ vnnd Diodorus im ersten bezeügend) vberschwembt järlich/die gantze landtschafft Egyptum/ mitt eim vberschwencklichen grossen hauffen der wässern/von dem sōmerlichenn Solsticio/das ist/vmbwendung der sonnen/biß auff des herbstes Equinoctium/das ist/des tags vnnd der nacht vergleychnus/ Auß wölliches zünemung/ die Egyptier vorhin der früchten vberfluß/oder abgang sehend. Dañ Egypten empfindt des hungers/so der Nilus auff zwölff elenbogenn zünimpt/auff dreyzehen hungert sie noch/viertzehen die bringen freüdē/fünfftzehē elenbogen sicherhayt/sechtzehen wolust/die selbig zünemunge/sagt man/es sey die rechtest. Aber die gröst/ist zü den zeyten Kaysers Claudij gewesen achtzehener elenbogen/Wie auch die aller kleinest inn dem Pharsalischen krieg/Gleich als schlüge das böß wunderzaychen/ des Magni Pompeij todtschlag auß/des Plinius im fünfften büch/ vnd Strabo in dem sybenzehenden lerend.

Geometria. Derhalben wie solliche vberschweṁung des fluß Nili/ der äckern marcksteinen zerrittet / jetzund mit mindern/ dann mit verändren/ vnderweylen mit gar vertylgenn etliche warzeychen/durch wölche/das eigen von dem frembden getaylt ward/müsten sie offtmalen der erden boden außmessenn/ darumb der Strabo im sybenzehendenn büch/ von der welt beschreybung/ vnnd der Herodotus im andern /sagen/wie etlich geschriben haben/das von den Egyptiern die Geometria/das ist/kunst die erden außzümessen/erfunden sey worden.

Arithmetica. Gleich wie Arithmetica/ das ist/ des zelens oder rechenkunst/von den Pheniciern/ der kauffmanschafft halbē. Aber Josephus gedeücht mich/baide den Juden züzerechnen/im ersten büch der alten geschichten/also schreybende. Dann dieselbige/so sie geist„ lich warend/vnd wie jegklichem auch/sein auffenthaltung/ noch auff ein lengere zeit„ zügerüst/vorhandenn was/ lebten sie ordenlich/inn souil vmbkraysen der jaren/dar„ nach von der tugent wegen/wölliche sie fleyssig nachgründeten/ das ist/ die kunst des„ hiṁellauffs/vnd der erden außmessung/hat sie Got/noch mit einer lengeren zeyt des„ lebens begabt. Vnd darnach auch wie er meldung thüt des Abrahams/sagt er darzü.„ Er hat jhnen auch die Arithmeticam/das ist/die rechenkunnst zügegeben/vnnd die„ ding/so von der kunst des himmellauffs seind/ hatt ers auch gelert/ dann vor der zü„ kunfft des Abrahams in Egypten/habē die Egyptier/vñ die ding gar nichts gwißt.„

Geometria warangelegen. Die Geometria (des Cicero von dem Redner bezeüget) ligt an den zeylen/ an der gestalt/an der weyte/an der grösse/ wölche der erdenn außmessunng also inn sich beschleüßt/das sie die gelegenhayt der welt herfür streychet/ Inn wöllicher zü der zeyt

Geometrie gelerten. Keysers Tyberij/der Strabo vnd der Ptolomeus vnder der herschafft Traiani vñ Antonini der Keysern/berümbt gwesen seind. Bey den Lateinern hat Plinius gātz volkommenlich vonn der sach geschribenn/vnd der Solinus in seinen zamenklaubungen auch.

Wer erstlichen die Gewichten/die Gemäß/vnd Zal erdacht hab.

Das Neüntzehent Capitel.

Vrsach des Capitels. Mich gedeüchts gentzlich/ das ort erheysch/ eh wir von hinnen schaiden/das wir anzaygen/ wer die gewichte/mäß vnnd zal erfunden habe/sonderlich so sie der Geometrie/das ist/ der welt außmessung / vnd der Arithmetica/ dz ist/der rechenkunst theyl seind/vnd die scribenten der sach halben vndereinander/ nit gar einer maynung seind.

Anonym

–

Wer erstlich die auszmessung der welt Geometriam / unnd die rechenkunst Arithmeticam / erfundenn hab.

–

Holzschnitt mit Landkarte auf Bütten
aus: Polydorus Vergilius Urbinas: Von den Erfindern der ding, Heinrich Steiner 1544 (EA 1534), mit 134 Holzschnitten (davon 2 ganzseitig) vom Petrarcameister, Hans Schäuffelein u.a.

Das Hauptwerk des aus Urbino stammenden Humanisten Polydorus Vergilius „De rerum inventoribus" kam 1499 in Venedig zuerst auf Lateinisch heraus. Ab 1502 lebte Polydorus hauptsächlich in England, wo er die erste quellenkritische Geschichte des Landes schrieb.

De rerum inventoribus, 1521 um fünf Bücher über christliche Institutionen erweitert, 1534 zum ersten Mal ins Deutsche übersetzt, stellt eine frühe Kulturgeschichte der damals bekannten Welt dar. „Erfindung" ist hier also nicht nur im technischen Sinne, sondern vor allem auch als kulturelle Errungenschaft zu sehen. Entsprechend abwechslungsreich ist die Wahl der Themen, denen sich Polydor widmet, vom Anfang der Sprachen, der Religionen, der Schreib- und Dichtkunst, über die Geschichte der Musik, Philosophie, Astrologie und Medizin bis zur Entwicklung der Zauberkünste und Traumauslegung, aber auch der Gesetzgebung und eben der „Vermessung der Welt".

Ähnlich wie Hartman Schedel in seiner „Weltchronik" von 1493 (siehe S. 97) verwendete Polydorus eine beeindruckende Anzahl von Quellen, nämlich genau 155 Titel von Autoren der Antike und des frühen Mittelalters sowie solche der Kirchenväter. Das Durchforsten all dieser Quellen nach sachbezogenem Material muss enorm viel Zeit in Anspruch genommen haben und stellt an und für sich eine riesige Leistung dar. Das Buch war außerordentlich populär, wurde in fünf Sprachen übersetzt und allein zu Polydors Lebzeiten 40 Mal nachgedruckt. Mitte des 16. Jahrhunderts wurde es von der Inquisition auf den Index der verbotenen Bücher („Index librorum prohibitorum") gesetzt.

Christa Knott

–

Kansas

Kaltnadel auf Tetra Pak, gedruckt in Hoch- und/oder Tiefdruck
Blatt: ca. 38 x 54 cm; Motiv: ca. 18 x 27 cm
15 Blätter, Mappe
Auflage: 3

–

geboren 1960

- studierte Betriebswirtschaft an der Wirtschaftsuniversität Wien, danach bei Prof. Fritz Martinz an der Akademie der bildenden Künste Wien und bei Prof. Hermann Nitsch
- besuchte die KunstSchule Wien, Richtung Fotografie
- schloss die Prager Fotoschule ab und lehrte ebenda
- absolviert derzeit ein a.o. Studium an der Universität für angewandte Kunst Wien, Abteilung Grafik | Druckgrafik
- lebt und arbeitet in Wien

Die Vermessung der Welt und der Versuch, diese zu kartographieren, uns Übersicht und Orientierung zu verschaffen, hat unglaublich kreatives Potenzial entfesselt. Dass wir dennoch nicht die geringste Ahnung haben, wo wir uns befinden, spielt da schon fast keine Rolle mehr.

Die Karton-grafische Mappe, gedruckt von Tetra Pak, die von der faszinierenden grafischen Qualität der Bilder ausgeht, die sich durch den Blick von Außen auf die Welt ergeben, pendeln zwischen Typus und Momentaufnahme. Die Abstraktion in der Darstellung wird bewusst betont, erlaubt sie es doch, in aller menschlichen Verlorenheit zu vermessen, zu verteilen und zu hoffen, Vorteil ziehen zu können, sei er nun pekuniär, militärisch, strategisch oder ideologisch.

Und doch starren wir nur auf die Verpackung der Welt, wissend, dass wir nicht mehr in Kansas sind.

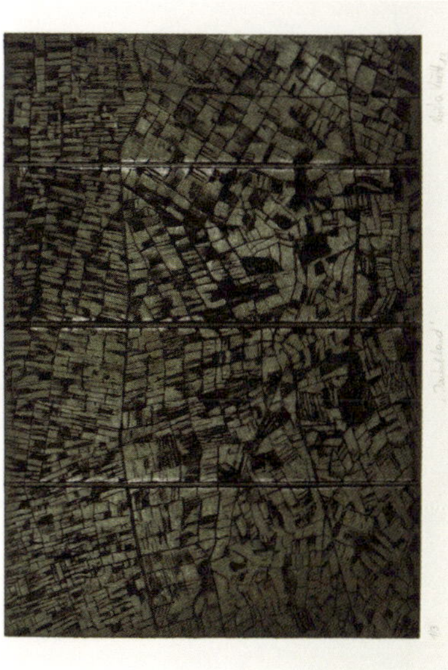

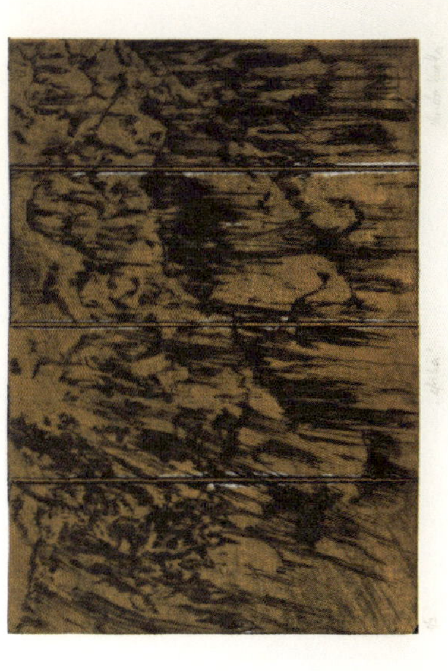

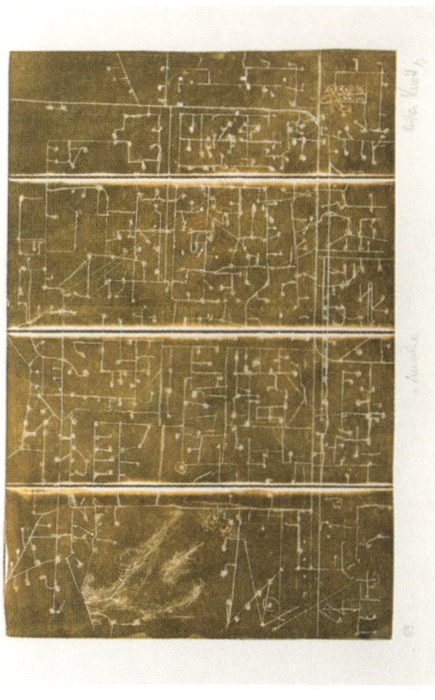

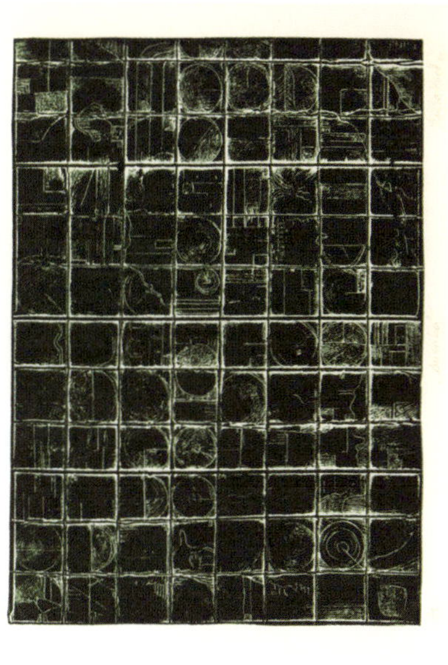

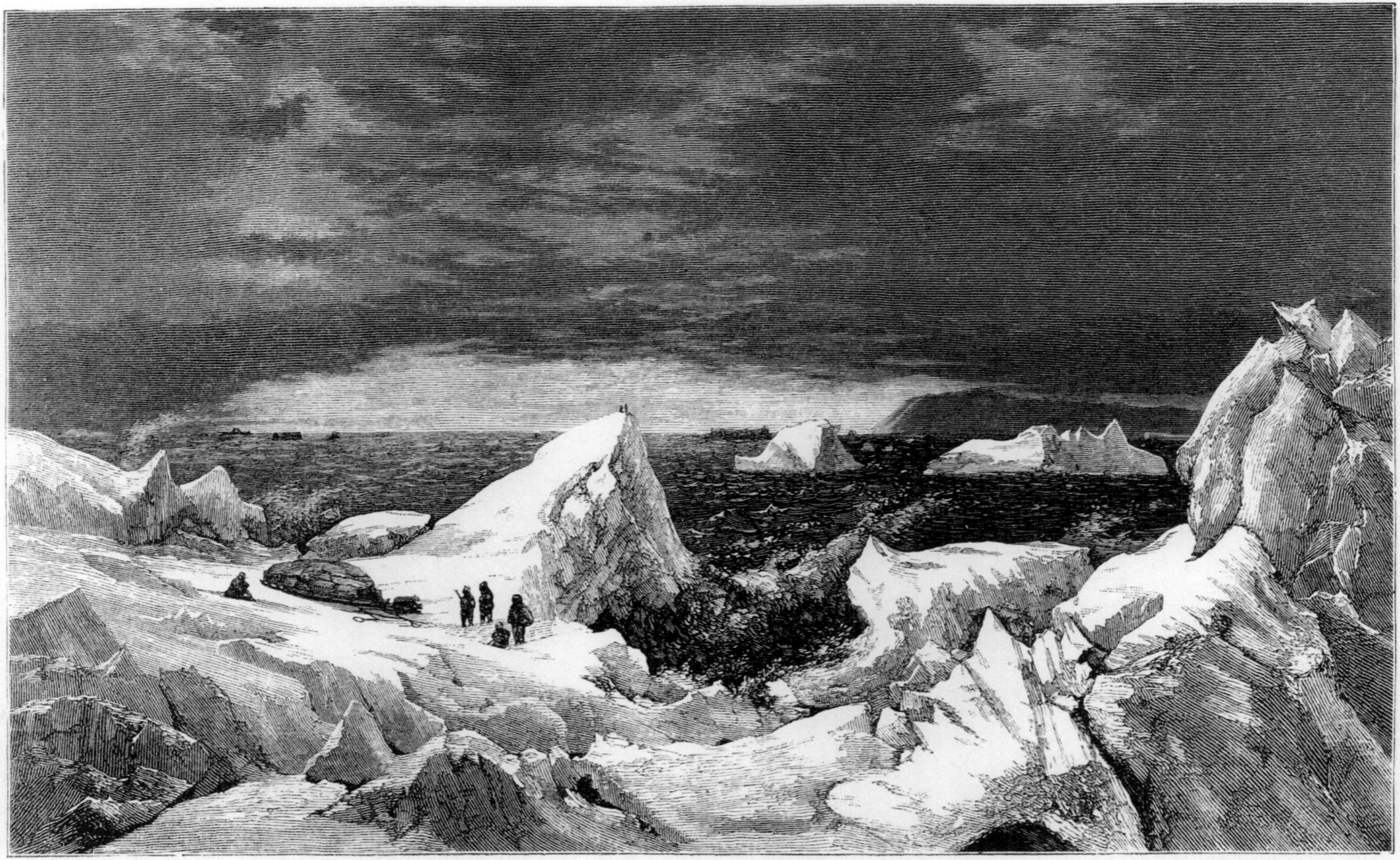

ARRIVAL BEFORE THE OPEN SEA.

Julius Payer

*1841 †1915

—

Arrival Before the Open Sea

Holzstich nach einer Originalzeichnung von Julius Payer
in: Julius Payer, New Lands within the Arctic Cercle. Narrative of the Discoveries of the Austrian Ship „Tegetthoff" in the Years 1872 – 1874, Bd. 2, London 1876 (zeitgleich erschienen mit der deutschen Ausgabe „Die österreichisch-ungarische Nordpol-Expedition in den Jahren 1872 – 1874"); mit einer Chromolithographie, 93 Holzstichen und 2 Karten; blauer Or.-Leinen-Einband mit Goldprägung

—

Die Bilddokumentation der berühmten Polarreise, in deren Verlauf zufällig die nach Kaiser Franz Joseph benannte Inselgruppe entdeckt wurde, verdanken wir der Doppelbegabung des Kommandanten zu Land Julius Payer als Bergsteiger und Zeichner.

Das Schiff „Admiral Tegetthoff" fror bei Erkundungsfahrten nördlich der Insel Nowaja Semlja zwei Polarwinter lang im Packeis ein, was dem für die Schlittenexpeditionen zuständigen Julius Payer die Gelegenheit gab, die Insel in über 800 km Fußmärschen zu erkunden. Es ist wohl kaum denkbar, dass er bei Temperaturen bis zu minus 52 Grad nach der Natur gezeichnet hat, doch dürfte er die entsetzlich dunklen Winter, die u. a. auch dazu genützt wurden, den Matrosen Lesen und Schreiben beizubringen, an Bord auch mit Zeichnen nach dem Gedächtnis zugebracht haben.

Genau dieses untrügliche Gedächtnis verhalf ihm nach abenteuerlicher Rückkehr, bei der das Schiff aufgegeben werden musste und das offene Meer erst nach fast dreimonatigem Fußmarsch und der Beförderung der Rettungsboote auf Schlitten erreicht wurde, nachträglich zu einem typisch österreichischen Schicksal. Eine hochrangige Person aus dem Umfeld des Kronprinzen Rudolf hatte bei der Präsentation der Expeditionsergebnisse vor der k. k. Geographischen Gesellschaft die Existenz des neu entdeckten Landes angezweifelt, da es völlig undenkbar sei, dass ein Mensch die von Payer beschriebenen Strapazen aushalten könne. Trotz Adelung durch den Kaiser verlor Payer unter den Offizieren seine Glaubwürdigkeit, quittierte den Dienst beim Militär und wurde Maler. Er starb vollkommen in Vergessenheit geraten 1915 in Slowenien, nachdem er die meiste Zeit in Paris zugebracht hatte. Die nördlichste der von ihm entdeckten und heute zu Russland gehörenden Inseln heißt aber immer noch „Prinz-Rudolf-Insel".

Karina Mendreczky

–

Végtelen

Unendlichkeit

Aquatinta-Radierung von 2 Platten auf Bütten
49,5 x 69,5 cm
Auflage: 5

–

geboren 1988 in Budapest

› Schulbesuch in Ungarn
› studiert seit 2009 an der Universität für angewandte Kunst Wien, Abteilung Grafik | Druckgrafik
› seit 2011 Teilnahme an zahlreichen Ausstellungen

Die Österreichisch-Ungarische Nordpol-Expedition von 1872 bis 1874 war nicht unbedingt ein voller Erfolg, obwohl sie viele Erkenntnisse brachte. Statt das Ziel, die Nordostpassage zu erreichen, steckte das Schiff im Packeis. Die Dokumentation dieser Expedition durch Julius Payer hat Karina Mendrezcky in Anbetracht ihrer früheren Arbeiten verständlicher Weise in ihren Bann gezogen. 2013 zeigte sie auf der „essence", der Jahresausstellung der Universität für angewandte Kunst Wien, eine multimediale Installation, die sich mit einer vom Menschen – im besten Fall – beobachteten Natur beschäftigt.

Ihre mehrfarbige Aquatinta-Radierung konzentriert sich auf die emotionale Komponente in Payers Dokumentation. Einsamkeit, Dunkelheit und Kälte, die jedem, der verloren ist in der Weite des Packeises, in die Seele kriechen müssen, werden in ihrem Werk beklemmend und doch poetisch spürbar.

Obwohl das Bild, eine distanzierte Beobachtung, keinen einzigen Menschen zeigt, wird das Menschliche umso spürbarer. Ohne die Position einer Dokumentarin aufzugeben, macht Karina Mendreczky das Bild zum Medium der Emotionen.

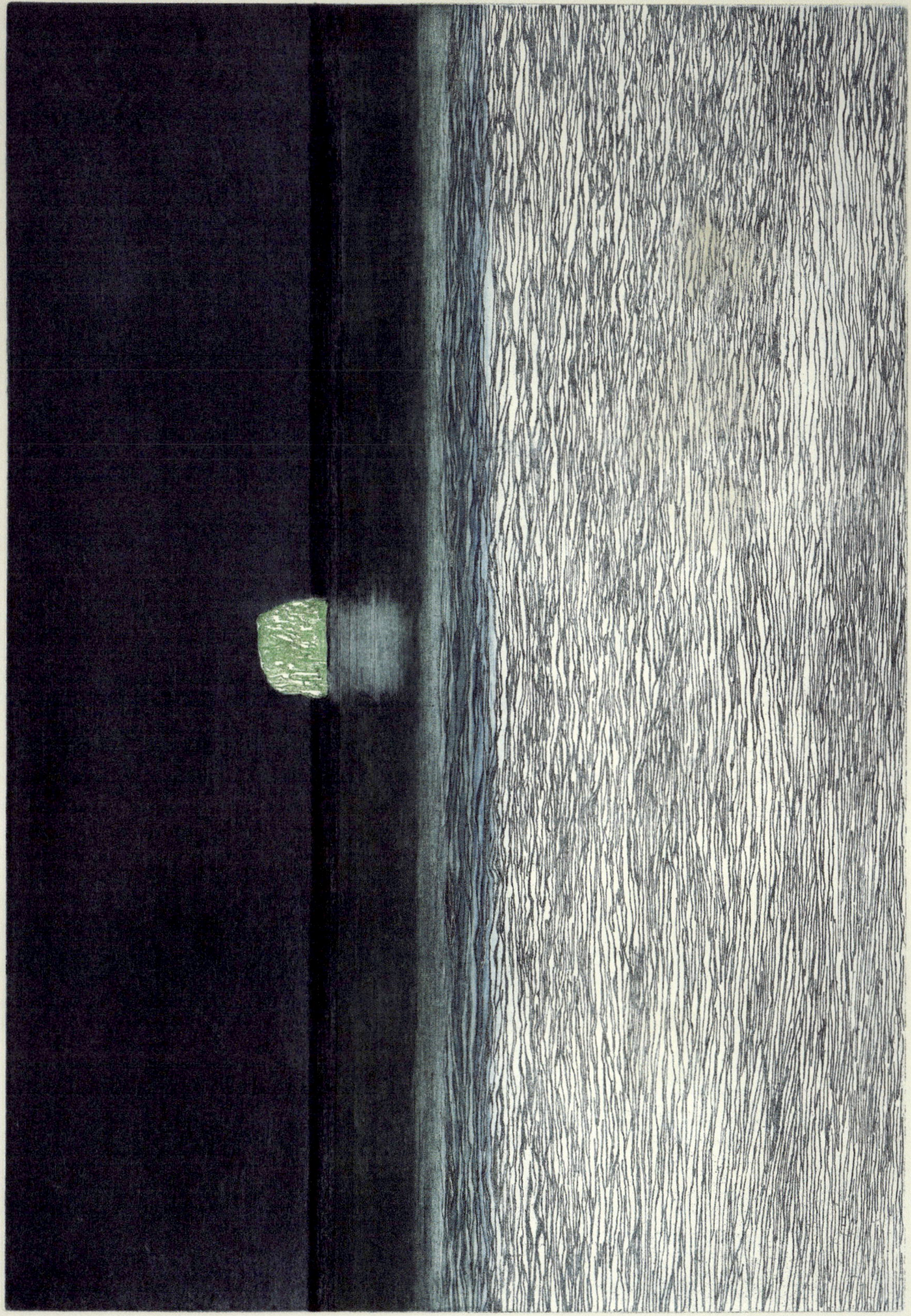

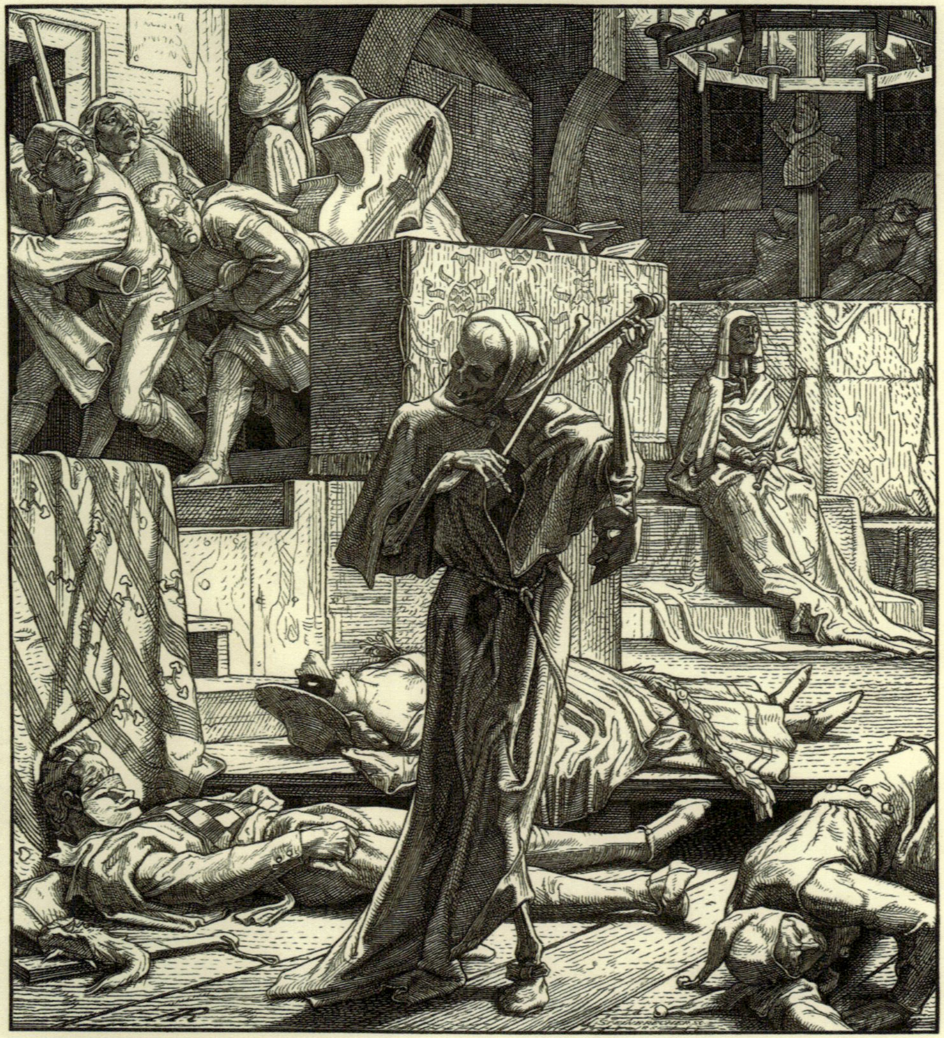

Der Tod als Erwürger.

Erster Auftritt der Cholera auf einem Maskenball in Paris 1831.

Alfred Rethel

***1816 †1859**

Der Tod als Erwürger

Holzschnitt auf einfachem Papier
30,5 x 27,5 cm
im Stock bezeichnet „AR“ (ligiert) und „STEINBRECHER SC. / 1851“
mit typographischer Bezeichnung „Der Tod als Erwürger/ Erster Auftritt der Cholera auf einem Maskenball in Paris 1831./ Herausgegeben aus der Akademie der Holzschneidekunst von H. Bürkner/ in Dresden. Erschienen bei Ed. Schulte (J. Buddeus'sche Buch= und Kunsthandl.)/ in Düsseldorf.“ (1852)

So wie die Clair-obscur-Holzschnitte Skippes und Jacksons (siehe S. 41 + S. 61) in ihrer Entstehungszeit ästhetisch aus dem Rahmen fielen, so stellte Mitte des 19. Jahrhunderts der reine Schwarzlinien-Holzschnitt die druckgrafische Ausnahme dar. Das 19. Jahrhundert steht ganz im Zeichen der Lithographie und des Holzstichs, der seine Entstehung der Arbeit mit dem Grabstichel in Stirnholz statt traditionell (wie bei Rethel/Steinbrecher) dem Schneidemesser in Langholz verdankt und der, da so feinste Graustufen erzeugt werden konnten, vor allem zu Reproduktionszwecken herangezogen wurde.

Rethel schuf bereits 1849 einen aus sechs Blättern bestehenden Totentanz[28], zu dem die zwei Blätter von 1851 – „Der Tod als Freund“ und unser Blatt „Der Tod als Erwürger“ – in engster Beziehung stehen. Rethel verarbeitete im Totentanz die Revolutionsereignisse von 1848/49, während er im „Tod als Erwürger“ quasi ein Postskriptum dazu lieferte.

Das Datum 1831 im Untertitel ist augenscheinlich falsch, schreibt doch Heinrich Heine, der sich zu diesem Zeitpunkt als Chronist in Paris befand, die Cholera sei dort am 29. März 1832 ausgebrochen.[29] Heine konnte sich im Übrigen „des tiefsten Grauens nicht erwehren“, denn „man kann an den Sterbebetten das Sterben lernen und nachher mit heiterer Ruhe den Tod erwarten[30]; aber das Begrabenwerden unter die Choleraleichen, in die Kalkgräber, das kann man nicht lernen.“

In Rethels Blatt mischen sich zwei wichtige Vanitas-Motive: der „Narr“, der sich schon in Sebastian Brandts „Narrenschiff“ des Todes nicht „versieht“[31], angesichts dessen „Adel, Gut, Kraft, Jugendzier“ bedeutungslos sind, und der „Danse macabre“, in dem alle Menschen ungeachtet ihres Standes zu Narren werden. Inwiefern Rethels Memento mori eine Prophezeiung persönlicher Natur beinhaltet, mag dahingestellt bleiben. Der Künstler erholte sich spätestens ab 1853 von einem Gehirnleiden, das zu seinem frühen Tod führen sollte, nicht mehr. Trotz der düsteren Inhalte zählten Rethels Blätter zu den populärsten des 19. Jahrhunderts.

Assunta Abdel Azim Mohamed

–

Der Tod als Verführer

Kugelschreiber auf Zeichenkarton
70 x 100 cm

–

geboren 1993 in Klagenfurt, Kärnten

- besuchte bis 2011 das Bundesrealgymnasium Völkermarkt, Kärnten
- studierte 1 Jahr Romanistik an der Universität Klagenfurt
- studiert seit 2012 an der Universität für angewandte Kunst Wien, Abteilung Grafik | Druckgrafik

Ausstellungsteilnahmen 2013 (Auszug):

- Galerie Schloss Parz, Oberösterreich: nominiert für den „Parz Kunstpreis“
- Hofstallungen MuMoK, Wien: nominiert für den „Walter Koschatzky Kunstpreis“,
- „Mach Wind um deine Kunst“, WUK, Wien

Assunta Abdel Azim Mohamed nimmt den Holzschnitt „Der Tod als Erwürger“ von Alfred Rethel zum Anlass, das Thema der Heimsuchung durch Pest oder Cholera in eine zeitgemäße Ikonographie zu übersetzen.

Diese einst so gefürchteten Epidemien, die traditionell als Strafe Gottes für Eitelkeit, Vergnügungsdrang, Spielsucht oder Trunkenheit interpretiert wurden, haben für die Künstlerin durch die Reduktion ihrer unmittelbaren Bedrohung ihre Rolle an andere Plagen, Süchte und Eitelkeiten unserer Zeit abgegeben.

Auch die Masken haben sich gewandelt. Anstelle der geschmückten Larven von einst verhindern Schandmasken die Entlarvung der Unmoral und sollen Schutz vor der Pestilenz bieten.

Die Zeichnung, ausgeführt mit Kugelschreiber, transponiert die Linien des Holzschnittes in eine alltägliche Ausdrucksform und lässt so den Kontrast zwischen dem Tabu und der alltäglichen Vergänglichkeit drastischer werden.

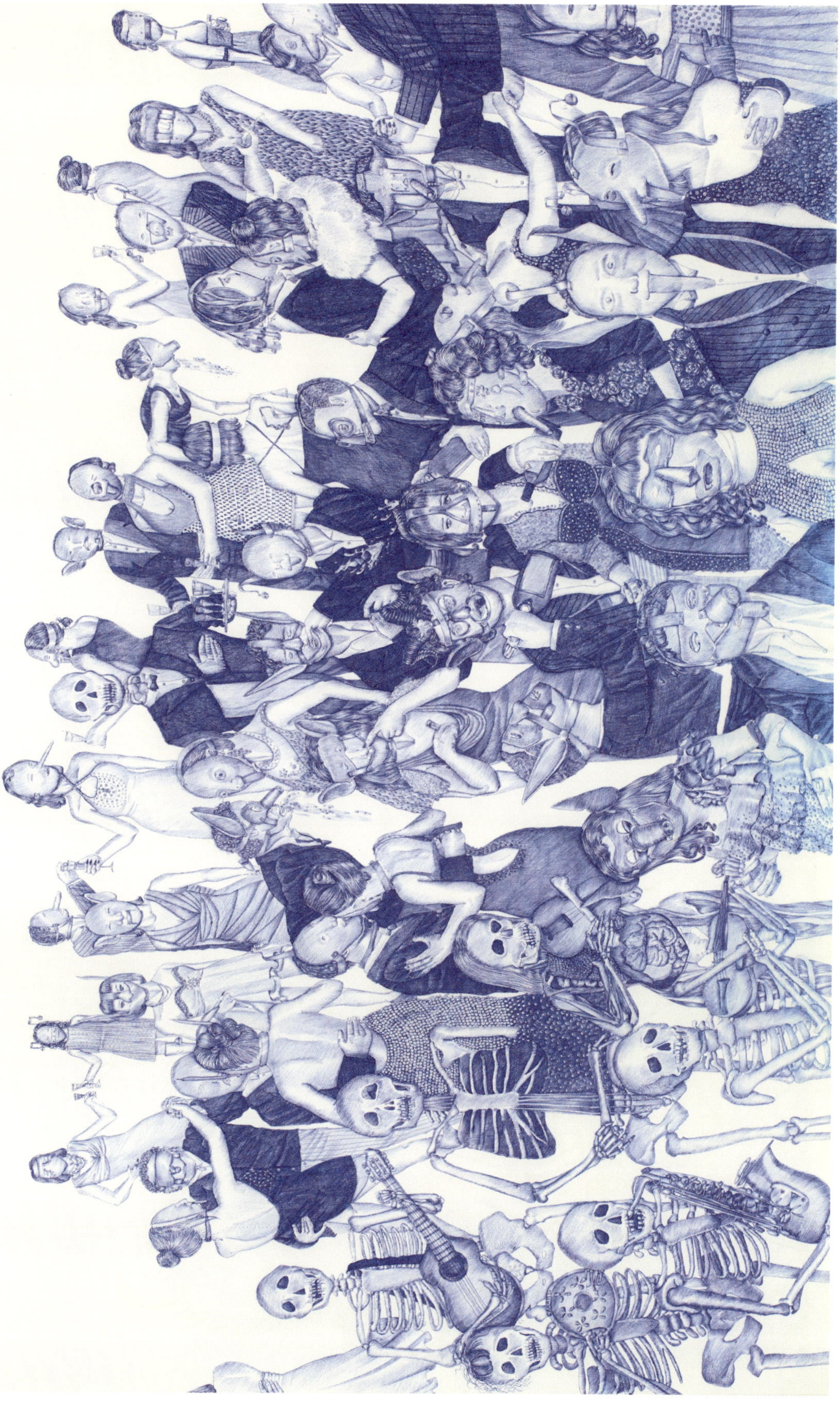

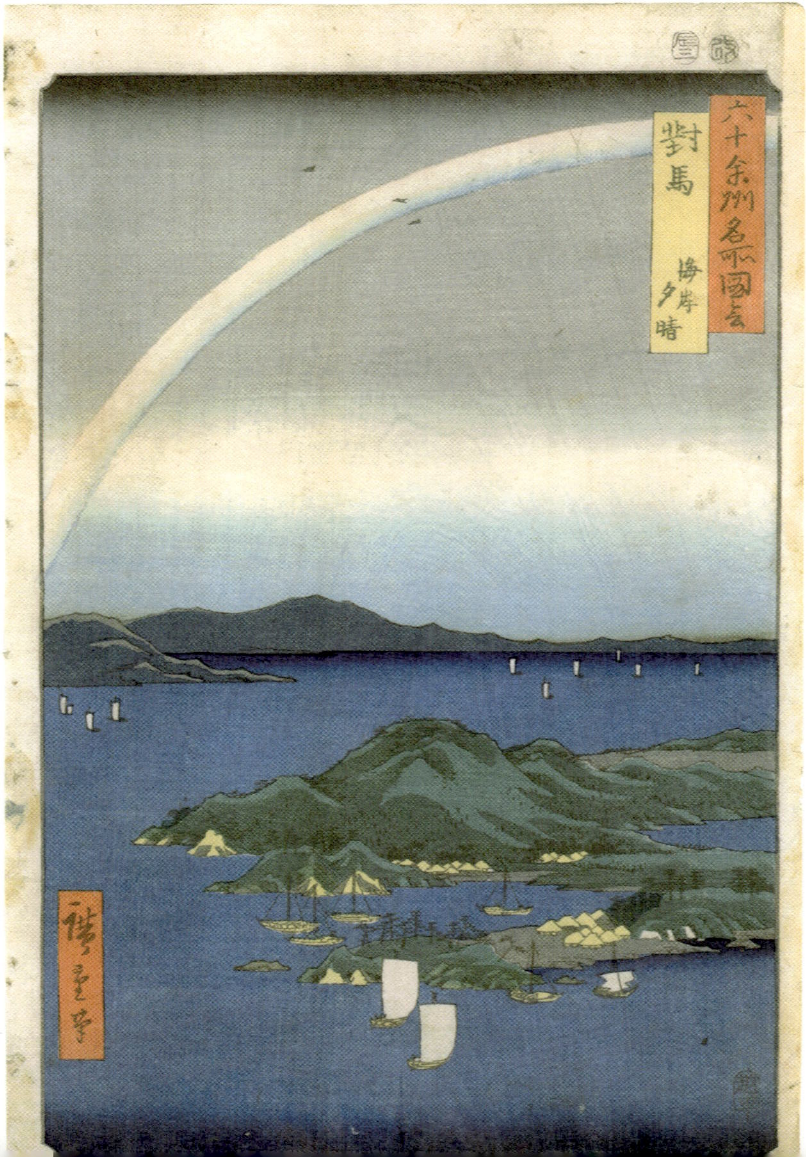
六十余州名所図会
對馬 海岸夕晴
廣重筆

Ando Hiroshige

***1797 †1858**

—

Tsushima, Kaigan yūbare

Abendliches Aufklaren des Himmels an der Küste

Farbholzschnitt auf Japanpapier
34,2 x 22,8 cm
Schlussblatt aus: Dai Nippon Rokujū-yoshū Meisho Zue
(Sammlung von berühmten Ansichten aus mehr als 60 Provinzen)

—

1856

16

Eine der frühesten Einführungen zu Hiroshiges Werk in Europa beinhaltet eine Passage, die sich direkt auf unser Blatt beziehen könnte: „As a master of what may be termed romantic landscape, Hiroshige deserves his reputation. He is at his best in the presence of a wide expanse of country seen at twilight – the stern outline of volcanic craters set against a luminous sky – broad sheets or long channels of blue water…“[32]

Als der unbestrittene japanische Meister der Landschaft entfaltete Hiroshige mit geschätzt über 8000 Farbholzschnitten, die hauptsächlich in Serien angelegt sind, eine rastlose künstlerische Tätigkeit. Einerseits bestand sein Verdienst darin, dass er das Modellhafte der vom chinesischen Vorbild beeinflussten idealisierten Landschaften seiner Vorgänger gänzlich aufgab und topografisch korrekte Darstellungen von Orten schuf, die er auch selbst besucht hatte, d. h. berühmte Aussichtspunkte, die der Pilger auf der sogenannten Tokaido-Straße (von Edo = Tokyo nach Kyoto) oder in den 68 damals existierenden Provinzen wiedererkennen konnte.

Der enorme Einfluss von Hiroshiges Grafik auf die europäische Kunst der Moderne verdankt sich hingegen einem, dem Realismus konträr entgegengesetzten Umstand, was im oben zitierten Artikel im Übrigen noch als Mangel eingestuft wurde: der Verwendung und Kombination nicht naturalistischer, ja geradezu als exzentrisch empfundener Farben und einer ebenso exzentrischen Auswahl des Bildausschnittes, die für die beliebten und allseits bekannten Orte eine schier unbegrenzte Anzahl von überraschenden Präsentationsmöglichkeiten eröffneten. Erst im expressionistischen Film finden wir ähnliche Bildausschnitte und die Farbwahl hat nicht zuletzt die Fauves maßgeblich beeinflusst.

Renata Darabant

–

clear blue sky

Farbholzschnitt auf Japanpapier
37,2 x 50 cm
Auflage: 12

–

geboren 1986 in Oradea, Rumänien

› lebt seit 1992 in Österreich
› studierte nach der Matura 2004 – 2008 an der Wiener Kunstschule, wo sie mit Auszeichnung diplomierte
› studiert seit 2007 an der Universität für angewandte Kunst Wien, Abteilung Grafik | Druckgrafik
› Ausstellungen in Wien, Steyr, Tokio, Shanghai, St. Louis und New York

Im Zuge der Beschäftigung mit der asiatischen Tradition der Druckgrafik, speziell mit dem japanischen Holzschnitt, war es naheliegend, die Parallele zu einem Ukiyo-e Blatt zu suchen. „clear blue sky" ist ein Blatt aus einer Serie von Farbholzschnitten, die das Ergebnis einer jahrelangen Himmelsbeobachtung sind. Ausgangspunkt ist ein Foto, das 2010 während einer Reise Studierender der Abteilung Grafik | Druckgrafik nach Shanghai aufgenommen wurde.

Trotz der Erkenntnis, dass der Himmel niemals gleich erscheint, ist er doch immer derselbe, egal von welcher Stelle auf der Erde nach oben geblickt wird. Renata Darabant setzt die luzide Erscheinung der wasserbasierten Drucktechnik ein, um, wie in den Landschaften des Ukiyo-e, im Blau von Himmel und Wasser die Präsenz der Elemente und ihre Flüchtigkeit zu erfassen.

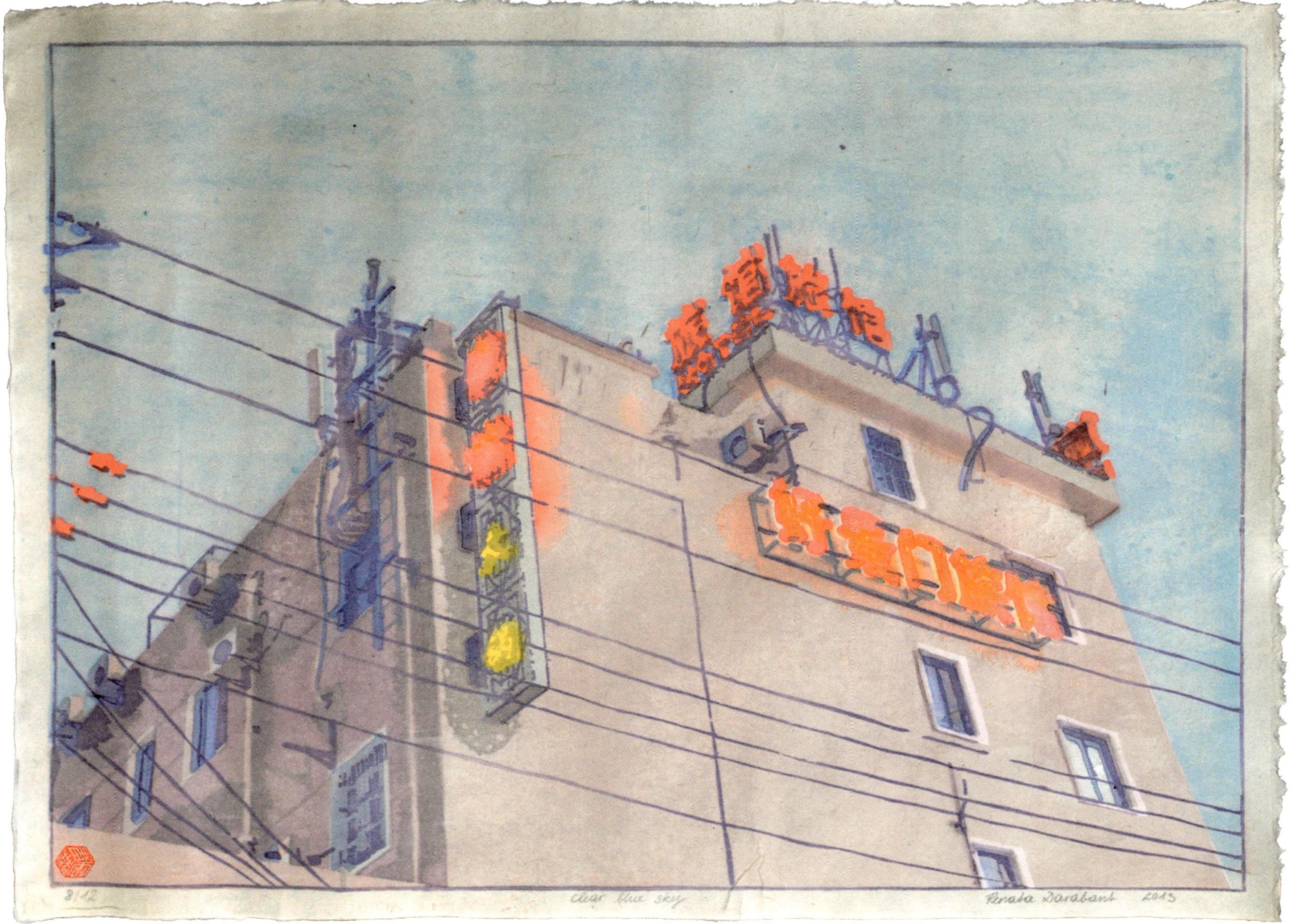
8/12
Clear blue sky
Renata Darabant 2013

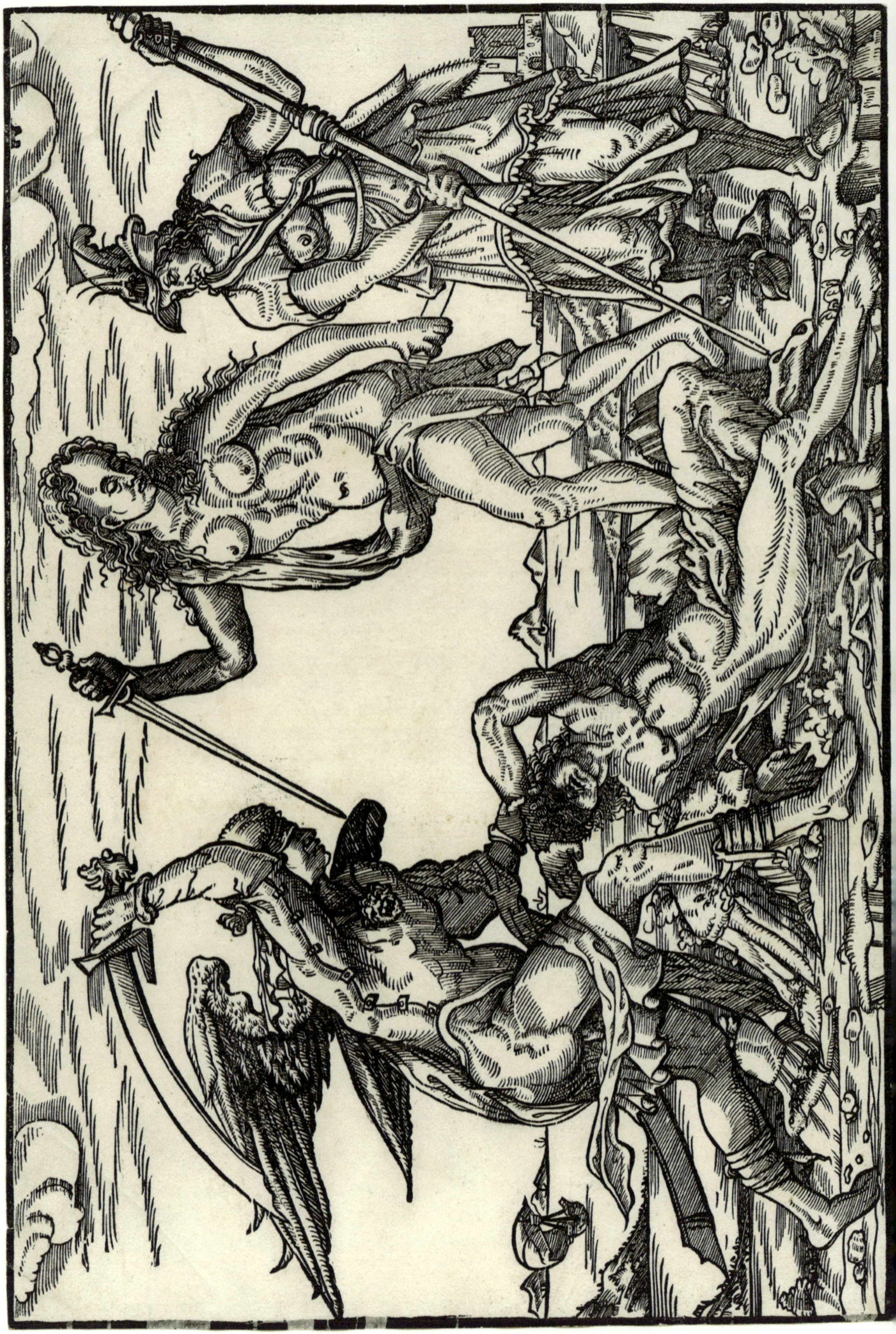

Martin Weigel

(zugeschrieben)

tätig ca. 1553 - 1580

—

Vier allegorische Figuren

Holzschnitt auf Bütten
25 x 36 cm

—

In der Schlussphase des Konzils von Trient (1545 – 1563), bei dem unter anderem über eine angemessene Reaktion auf den reformatorischen Bildersturm beraten wurde und auch darüber, wie man den durch Michelangelos offenherzige Nacktdarstellungen ausgelösten Aufruhr in Kirchenkreisen beschwichtigen könne (siehe S. 101), entstand unser Blatt mit augenscheinlich symbolischem Charakter.

Wenn die Darstellung auch als Illustration zu einer Ausgabe der „Psychomachia" des christlich-spätantiken Dichters Prudentius benützt wurde, in der es um die allegorische Darstellung des Kampfes zwischen personifizierten Tugenden und Lastern ging, können wir nicht umhin, eine der politischen Situation der zweiten Hälfte des 16. Jahrhunderts näherliegende Deutung zu versuchen.

Zwei Gruppen kämpfen um einen nicht etwa niedergerungenen – wie man auf den ersten Blick meinen könnte – sondern offensichtlich nicht bei Bewusstsein befindlichen oder schlafenden „Adam" (sein Gesicht ist verdunkelt). Vielleicht hat er auch aufgrund der Glaubenskämpfe das Bewusstsein verloren und muss nun wieder aufgerüttelt werden. Geradezu handgreiflich versucht dies die emblematische Figur links, die sich als der lutherische Irrglaube herausstellt – blindwütig, mit dem allerorts als Bedrohung empfundenen türkischen Krummschwert als stärkstem Symbol bewaffnet und mit nicht zu unterschätzender löwenhafter Stärke.

Rechts hingegen sehen wir die „Nuda Veritas" (= nackte Wahrheit), also den „wahren" Glauben, der sich mit Schwert und dem überlegenen Ausdruck dessen, der sich seines Sieges sicher ist, anschickt, den verloren geglaubten Adam zurückzuerobern. Ihm (Glaube) oder ihr (Wahrheit) zur Seite steht der Pilger und so weit und so gut lässt sich alles im Sinne der Gegenreformation deuten. Gleich hinter dem Pilger steht aber die „feste Burg", das Symbol für die „Hymne" der Reformation[33], die an diesem Ort genauso verwirrt wie die Hoffnung – das geblähte Segel – auf der anderen Seite. Als hätte der Künstler (entgegen seinem Auftrag?) dem „Irrglauben" frischen Wind gewünscht und einen versteckten Hinweis geben wollen, auf welcher Seite er wirklich stand.

Julia Geissler

–

so der lewe slaeffet

Radierung (Aquatinta und Strichätzung) auf Bütten
19,8 x 39,6 cm
Auflage: 4

–

geboren 1991 in Zell am See, Salzburg

› 2005 – 2010 Höhere Technische Bundeslehranstalt für Berufstätige Ortweinschule Graz, Diplom für keramische Gestaltung
› studiert seit Herbst 2011 an der Universität für angewandte Kunst Wien, Abteilung Grafik | Druckgrafik

Ausstellungsteilnahmen:

› 2008 „AusKunstLagen“, Saalfelden, Salzburg
› 2009 „Das Karussell“ – Vernissage & Clubnacht, Graz, Steiermark; „Isolation Camp Jolly Roger Exhibition“, Dornbirn, Vorarlberg
› 2011 „Das Karussell“ – Vernissage & Clubnacht, Graz
› 2012 „Isolation Camp Unique8 Exhibition“, Innsbruck, Tirol
› 2013 „Isolation Camp Distorted Reality Exhibition“, Innsbruck

Das Blatt „Vier allegorische Figuren“ von Martin Weigel, mit dem Julia Geissler in Dialog getreten ist, verlangt nach einer Lesung in Kenntnis der Symbolik und Ikonographie.

Die Interpretation und Gewichtung der Allegorien und Symbole sind sehr subjektive Prozesse, in die Julia Geissler sich bewusst emotional einlässt. Sie reagiert in ihrer Radierung somit auch auf die Stärke des Eindrucks, den bestimmte Elemente des Bildes auf sie machten, unabhängig von der eventuellen Intention Martin Weigels.

In Strichätzung und Aquatinta schafft Julia Geissler ein Spiel mit Figuren und Symbolen, das einen völlig anderen Charakter zeigt. Die Erzählung wird fragmentarischer, aber gleichzeitig persönlicher. Die Symbole werden von ihrer Schematik befreit. Dies erlaubt es, einer Erfahrung visuell nachzuspüren, die fast surreal in Erscheinung tritt.

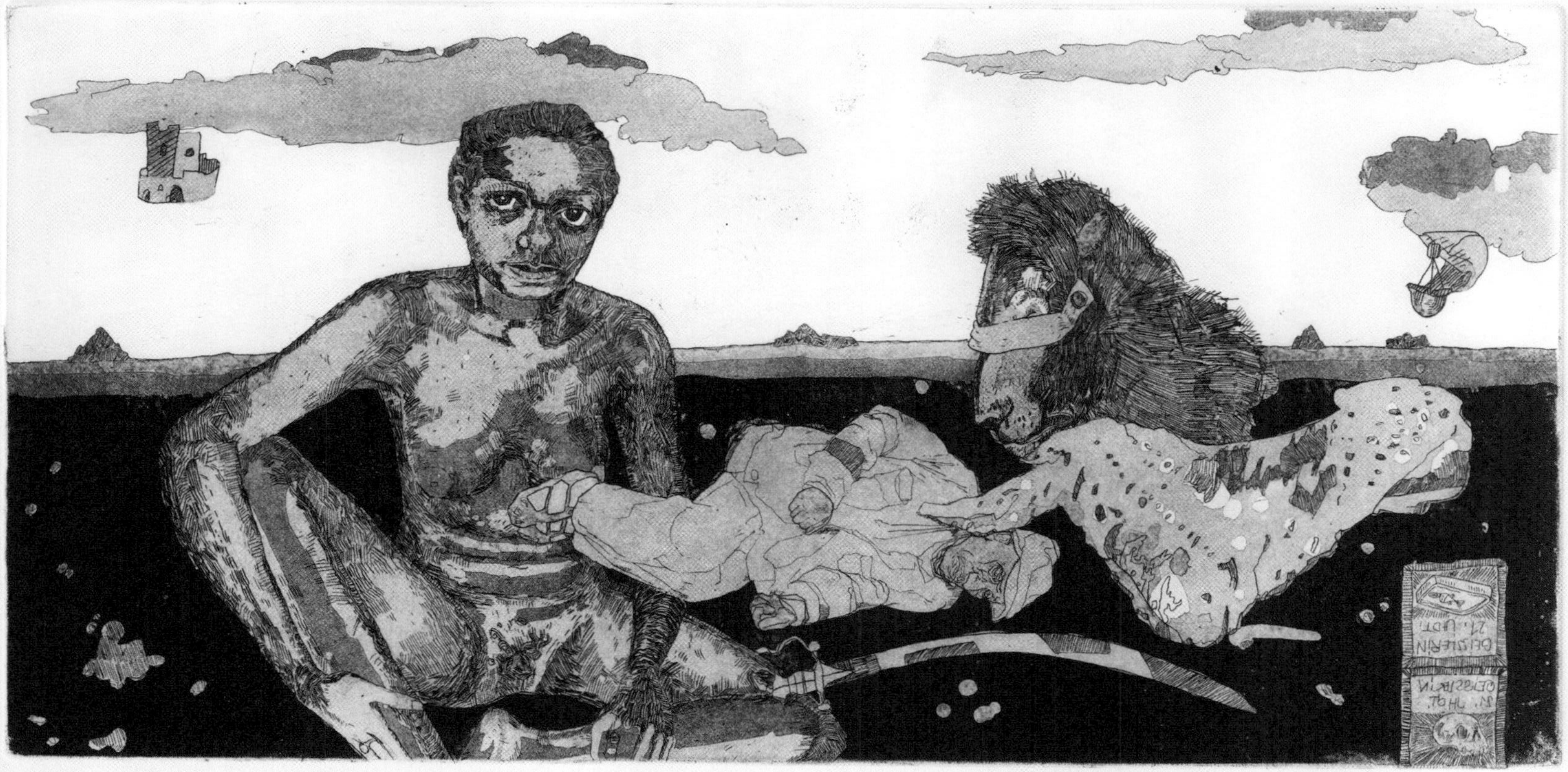

On richter
Linea der richter
Jepte

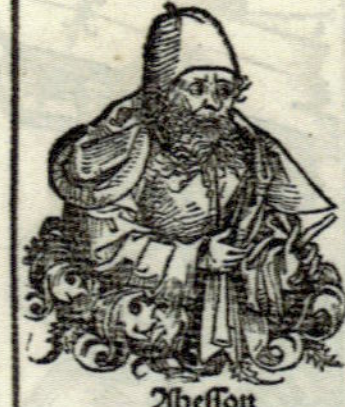

Abesson

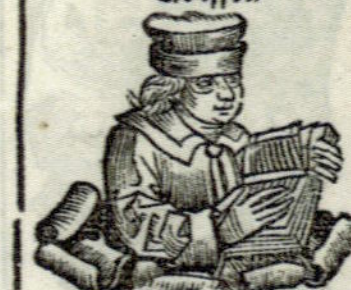

Abyalon

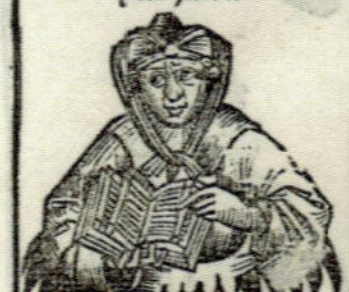

Abdon

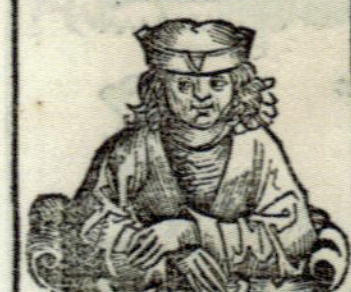

Der erst könig Jsrahel
Saul

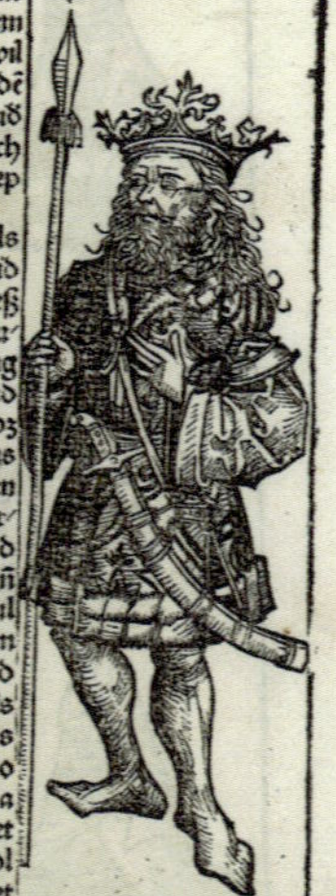

Saul der erst könig der Juden ein sun Cis. auß dem geslecht Beniamin wardt iiii.xij.iar Samuelis võ herrẽ zu könig erwelt. vñ regiret mit Samuele. xxvi. iar. vnnd wiewol er võ anfang ein guter man was. yedoch wardt er darnach ein verschmeher gottes gepot. auß einẽ könig ein tyrann vnd vndertrucker seiner vnderthanen. Zu letst da er nach vil verfolgũg die er dem Dauid tet wider die Palestiner auff dẽ berg Gelboe des lands Sirie stryte do wardt sein heer ernid gelegt. vnnd auch er swerlich verwundet. vnnd ist williglich in ein ploß schwert gefallen vnd gestorben das sahe sein weppner vnnd ertodtet sichselbs.

Als Dauid sich für Saul stellet vñ Jonathas des sauls sun daselbst gegenwertig was do machet er mit dauid ein grosse freüntschaft. also das er ime alle seine klaider hieß anthun. do aber Saul vñ Dauid mit dem volck gein Jherusalem mit syg abstigẽ. vnnd ine die iunckfrawlein mit gesang entgegen komen sprechende. Saul hat geslagen tausent. vnd Dauid. x^{m}. do wardt Saul auß neyd traurig besorgende dz königreich möcht an Dauid gelangẽ. darumb als dauid eins tags vor dem saul auff der harpffen spilet. do suchet saul den dauid mit einer lantzen oder speer zedurchstechen. Aber darnach machet er ine einen hawbtman über die weppner vnd verhieße ime sein tochter Michol zu einem weib zegebẽ weñ er im hundert beschneydung der Philistiner brechte. vñ saul maynet dauid solt also von den philisteyern ertödtet werden aber dauid verwilliget vñ bracht. ij^{c}. beschneydung vnd tödtet die in einẽ gerechten krieg. dann sie warñ veind des volcks istahel. Nw versönet Jonathas dẽ dauid mit saule. doch als dauid darnach die philisteyer mit grosser plag erniderlegt do wolt saul den dauid abermals ertödtẽ mit der lantzẽ. aber dauid entwiche dem stich vnnd flohe in sein haws. do schicket saul sein diener den dauid zefahen vñ zetödten. aber Michol sein weib ließe ine durch ein fenster ab. vñ do saul erfarñ het dz dauid bey Samuele in Naioth wer do sendet er vil vñ mächerlay kuntschafter zu dreyẽ malen den dauid zefahen. als sie nw komen vnd die weyssagendn mit Samuele vnnd Dauid funden. do weyssagten auch sie mit ine got lobẽde. Zu letst kome auch Saul dahin vnd weyssaget mit inen sichselbs nackend außziehẽde.

In dẽ richterambt Abeson Abyalon vñ Abdon ist die zeit fridsam gewest vñ nichts mercklichs gehandelt in istahel. Doch merck dz die. lxx. außleger nichts von disem Abyalon. noch von der zeit on richter setzen. sunder dieselben zeit dem Josue zurechnen: der kein sundere zeit hat nach hebreyscher warheit. vnd also solt du gleichhellig machẽ die rechnung der iar nach ir iglichem sinnst wirdst du irren.

Do Vlixes (als Augustinus vnd Boecius schreiben) von dẽ troyanischen krieg widerkeret do fuer er. x. iar irr auff dẽ meer vñ kome am ende welscher land gegẽ Sicilia mit einẽ einigẽ schiff in ein innseln darinn wonet Circis die swartz könsterin gar ein schöne fraw. die man der sunnen tochter hieß. dieselb machet durch ire kunst vnnd gespenst ein getranck mit dem sie nach irem gefallẽ alle die. die es trunckẽ võ menschlicher natur in vihische gestalt verwãdelt. nw raichet sie dasselb getranck dẽ gesellẽ vlixis vñ verwãdelte also einẽ in ein wilds schwein. disen in einẽ leobẽ. dẽ andern in einẽ hirschẽ. aber mercurius het Vlixi gegeben ein plůmen die dienet wider solch gespẽst vñ zawberey. vnnd do sie ime nit schaden mocht do zwinge er sie mit bloßem schwert sein gesellẽ zu irẽ vorigẽ wesen zebringen. Solinus schreibt. Diser Vlixes habe die statt Vlixbonam in hispania gepawen. vñ die nach im also genant.

Michael Wolgemut

***1434 †1519**

—

Der erst koenig Israhel Saul

Buchdruck und 3 Holzschnitte auf Buchseite
23,3 x 37,5 cm
aus: Buch der Chroniken und Geschichten (Schedelsche Weltchronik), deutsche Ausgabe, Nürnberg 1493, Blatt 41 recto

—

Die Entstehungsgeschichte des umfangreichsten Buchunternehmens der Inkunabelzeit, der Schedelschen Weltchronik, aus der das vorliegende Blatt stammt, ist dank einer Vielzahl erhaltener Originaldokumente so gut aufgeschlüsselt, dass an dieser Stelle nur auf die Vorwörter der zahlreichen Faksimileausgaben oder auch auf das sehr informative Buch von Elisabeth Rücker verwiesen werden muss.

Hier seien nur die wesentlichsten Daten zusammengefasst:

Autor: Hartmann Schedel (Stadtarzt von Nürnberg, Humanist und Büchersammler), nach zahlreichen Quellen, die hier nicht einzeln angeführt werden können
Sprachen: Lateinisch (Schedel), Deutsch (Übersetzung: Georg Alt)
Illustratoren: Michael Wolgemut, Wilhelm Pleydenwurff (Lehrer Dürers)
Mitarbeit: Dürer (Mitarbeit an den Illustrationen wahrscheinlich)[34], Hieronymus Münzer (Mitarbeit an den Karten und Städtetexten), Georg Alt (deutsche Übersetzung)
Sponsoren: Sebald Schreyer (Unternehmer im Silberbergbau und Schmuckhandel), Sebastian Kammermeister (Schreyers Schwager)
Drucker: Anton Koberger (100 Mitarbeiter, Vertriebsnetz in ganz Europa)
Umfang (Zählung in Blättern)**:** 326 (Latein), 297 (Deutsch)
Format: Superregal-Folio (48 x 67 cm, Seitenformat minus Beschnitt: 47 x 32,5 cm)
Illustrationen: 1809 Holzschnitte (645 Holzstöcke), davon 53 teilweise doppelseitige Städte- und Länderansichten (32 authentisch, 21 mehrfach verwendete Phantasieansichten), Halbfigurenansichten (wie auf unserem Blatt) oft wiederholt
Layout: komplizierter, oft mehrmals pro Seite wechselnder Satzspiegel, der um die Abbildungen geführt wird; in seiner Modernität wird dieses Layout erst wieder in Künstlerbüchern zu Ende des 19. Jahrhunderts erreicht
Auslieferung: ungebunden und gebunden, unkoloriert und koloriert (Preis für ein ungebundenes und unkoloriertes Exemplar: 2 Gulden)[35]
Auslieferungsorte (verbürgt, aber nicht darauf beschränkt)**:** Nürnberg und Umgebung (Augsburg, Eichstätt, Passau, Frankfurt, Ingolstadt, München), Florenz, Mailand, Genua, Wien, Budapest, Prag, Paris, Lyon, Straßburg, Basel, Danzig, Lübeck, Leipzig, Breslau, Krakau
Herstellungskosten: 1000 Gulden Vorschuss für die Herstellung der Holzstöcke, Druck und Vertrieb (Rest ungewiss), 4 Gulden pro Ries bedruckten Papiers plus 50 Gulden für Verschleiß (Auflagenhöhe ungewiss, 2. Auflage geplant, aber nicht verwirklicht), zum Vergleich: Dürer zahlte für sein großes Stadthaus 500 Gulden

Alina Özyurt

–

schnell und wild

Stempeldruck, Tusche und Farben auf Papier, bemaltes Passepartout, Ikea- Rahmen
78,5 x 58,3 cm (Rahmen)

–

geboren 1990 in Innsbruck

› aufgewachsen in Trins im Wipptal, Tirol
› studiert seit 2010 an der Universität für angewandte Kunst, Abteilung Grafik | Druckgrafik
› arbeitet hauptsächlich mit Zeichnung, Tusche, Collagen und Keramik

Das Klischee ist ein Begriff, der sich aus der Druckwerkstätte in den allgemeinen Sprachgebrauch bewegt hat. KünstlerInnen fürchten gemeinhin, klischeehafte Arbeiten zu schaffen. Alina Özyurt aber stellt die Verwendung der Klischees in das Zentrum ihrer Arbeit. Ein einfaches Portrait als Stempel nimmt die Praxis der Schedelschen Weltchronik auf, für nicht so bedeutende Persönlichkeiten oder Orte Klischees zu verwenden und auf eine individuelle Darstellung nach der Natur zu verzichten.

Der Stempel, das Stereotyp, die Mittel der Druckwerkstätte zur Vervielfältigung und Kopie, die es erlauben, Werthaltiges zu simulieren, werden unterstützt durch die Verwendung eines vorgeschnittenen Foto-Passepartouts in einem Ikea-Rahmen, der bedruckt zum Holzimitat wird.

Ihr Spiel mit Klischees erlaubt es ihr, diese zu unterlaufen und ein rätselhaftes Selbstportrait zu schaffen, ein Unikat, einzigartig und besonders und dennoch unprätentiös.

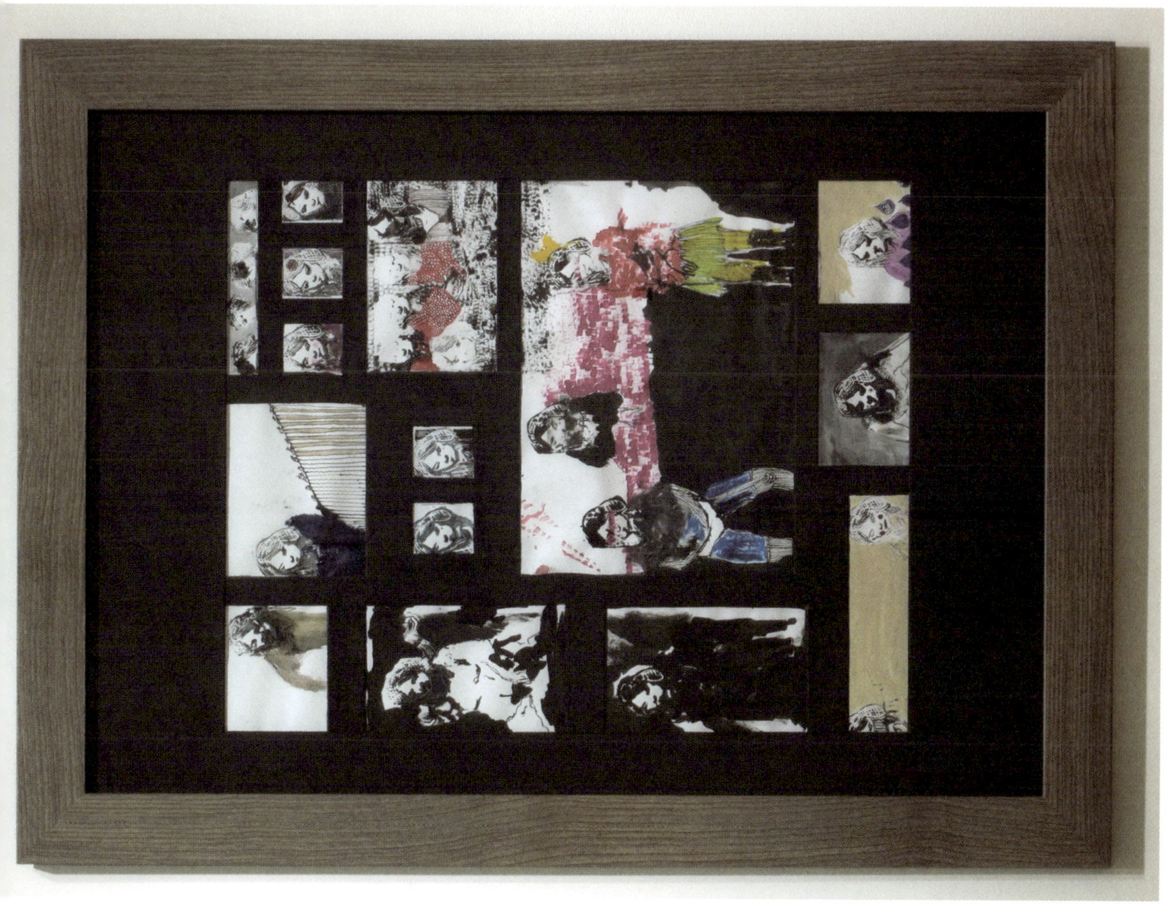

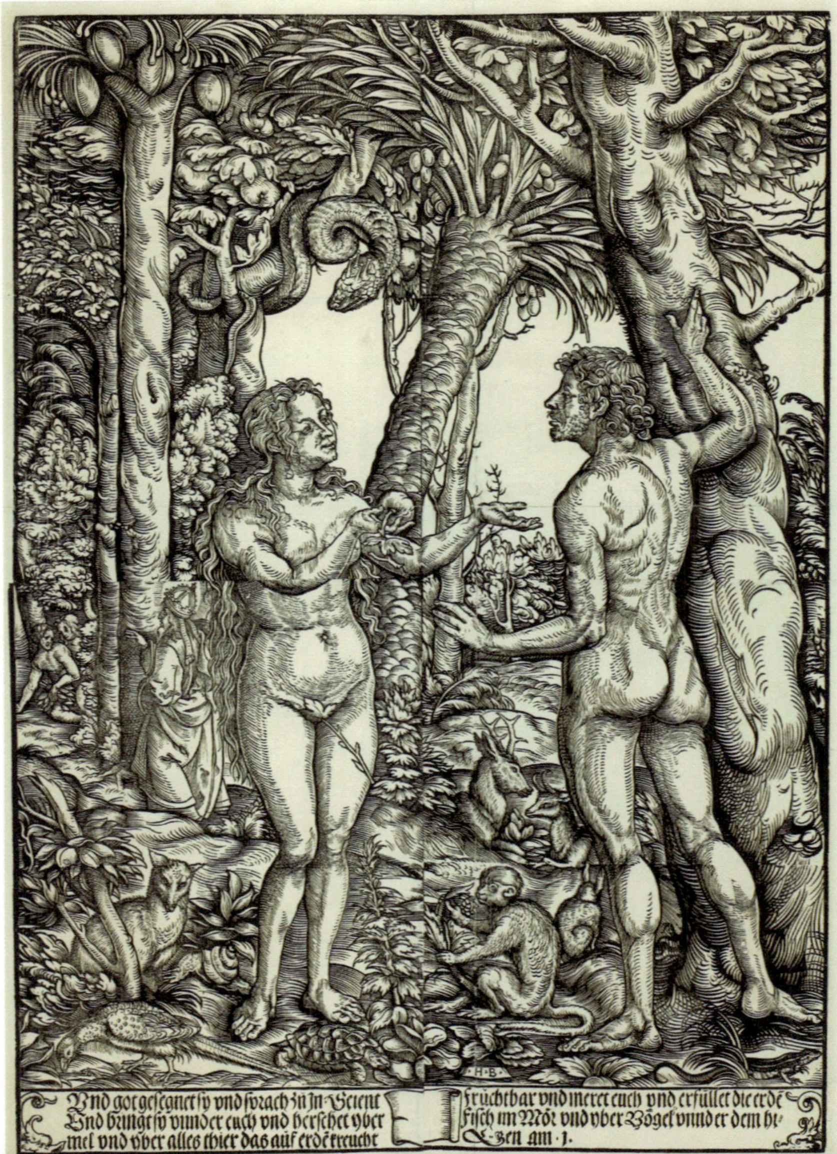

·H·B·
Vnd got gesegnet sy vnd sprach zu jn: Seient fruchtbar vnd meret euch vnd erfüllet die erdē
Vnd bringt sy vnnder euch vnd herschet vber fisch im Mör vnd vber Vögel vnnder dem hi-
mel vnd vber alles thier das auf erdē kreucht Gen. am. 1.

Hans Burgkmair d. Ä.

***1473 †1531**

—

Adam und Eva

Holzschnitt, aus 8 Platten zusammengesetzt
93,7 x 65,2 cm
2. Fassung (mit dem Feigenblatt); aus: Rudolph Zacharias Becker, Holzschnitte alter deutscher Meister in den Original-Platten gesammelt von Hans Albrecht von Derschau (4. Lieferung), Gotha 1816

—

Hans Burgkmair erlangte als Grafiker vor allem durch seine gewichtigen Beiträge zu den, die Taten Kaiser Maximilians I. verherrlichenden Publikationswerken[36] Bedeutung. Der Riesenholzschnitt „Adam und Eva" ist darüber hinaus noch in anderer Hinsicht bemerkenswert: nicht nur wegen seines außergewöhnlichen Formates[37], sondern auch wegen seines möglichen Verwendungszweckes und der Tatsache, dass er in zwei Fassungen vorliegt.[38]

Wäre „Adam und Eva" von 1525 der einzige überlieferte Holzschnitt Burgkmairs in diesem Format, fiele es vermutlich schwer, ihn einzuordnen. Es liegen aber fünf weitere Holzschnitte gleichen Formats aus der Zeit vor, drei von Burgkmair (1524, 1527) und jeweils einer von Heinrich Vogtherr und Matthias Gerung, von denen man annimmt, dass sie seine Schüler waren. Mit den Themen „Sündenfall", „Mutter der Sieben Schmerzen", „Kreuztragung", „Kreuzigung" und „Kreuzabnahme" ergeben sich Hauptthemen der Heilsgeschichte und es wird vermutet, dass die Holzschnitte in Kirchen und Kapellen zur Andacht angeschlagen wurden[39], was auch die Seltenheit der erhaltenen Exemplare erklären würde, da die Blätter dann ja spätestens mit der Entsorgung des Mobiliars verloren gingen.

Bei den von Derschau aufbewahrten und gedruckten Stöcken[40] wurde Eva ein Feigenblatt verpasst, wozu mindestens ein Stock neu geschnitten werden musste (was der Künstler, der die Korrektur vornahm, mit unverhohlener Ironie tat). Die Serie der großformatigen Holzschnitte fand vermutlich wegen des reformatorischen Bildersturms[41] ein vorzeitiges Ende, wohingegen Evas paradiesischer Zustand in den kopierten Stöcken eher Opfer der Gegenreformation geworden sein dürfte, in deren Folge nicht zuletzt den Nackten Michelangelos Hosen[42] angezogen wurden.

19 20 S. 21

S. 20

Daniel Pfauth

—

Wandschnitt A.E.

8-farbiger Wandschnitt
(verlorener Schnitt) auf Zeichenpapier
300 x 150 cm
Auflage: 3

—

geboren 1984 in Stuttgart, Baden-Württemberg

› besucht 2001 – 2005 die Fachschule für Kunsthandwerk (Vergolder, Schildermaler) in Elbigenalp, Tirol
› studiert seit 2011 an der Universität für angewandte Kunst Wien, Abteilung Grafik | Druckgrafik

Daniel Pfauth entwickelte seine Technik des Wandschnittes unabhängig von der Tradition des Gipsschnittes. Seine Erfahrungen mit der Malerei an Wänden und dem Arbeiten im großen Format motivierte ihn zur Suche nach einem adäquaten Mittel im Druck.

Nach Versuchen mit einfarbigen Wandschnitten zeigt er hier einen mehrfarbigen Wandschnitt. In der Grafik war die Formatfrage immer von zentraler Bedeutung. Papier ist erst seit kurzer Zeit günstig und daher waren früher die gedruckten Werke meist klein. Burgkmairs Holzschnitt, von dem Daniel Pfauth sich inspirieren ließ, ist allerdings erstaunlich groß.

Daniel Pfauth arbeitet die zu druckenden Motive in die Wand hinein und belässt dabei der Oberfläche der Wand eine eigenständige Rolle. Adam und Eva erscheinen so eher wie hominide Vorfahren, die in der Mutter Erde leben. Er schafft trotz der Anlehnung an die Komposition Burgkmairs eine Interpretation der Szene, die die religöse Ikonographie zurückdrängt, aber eine Atmosphäre von Ursprünglichkeit erhält, indem er auf jegliche moralische Wertung verzichtet.

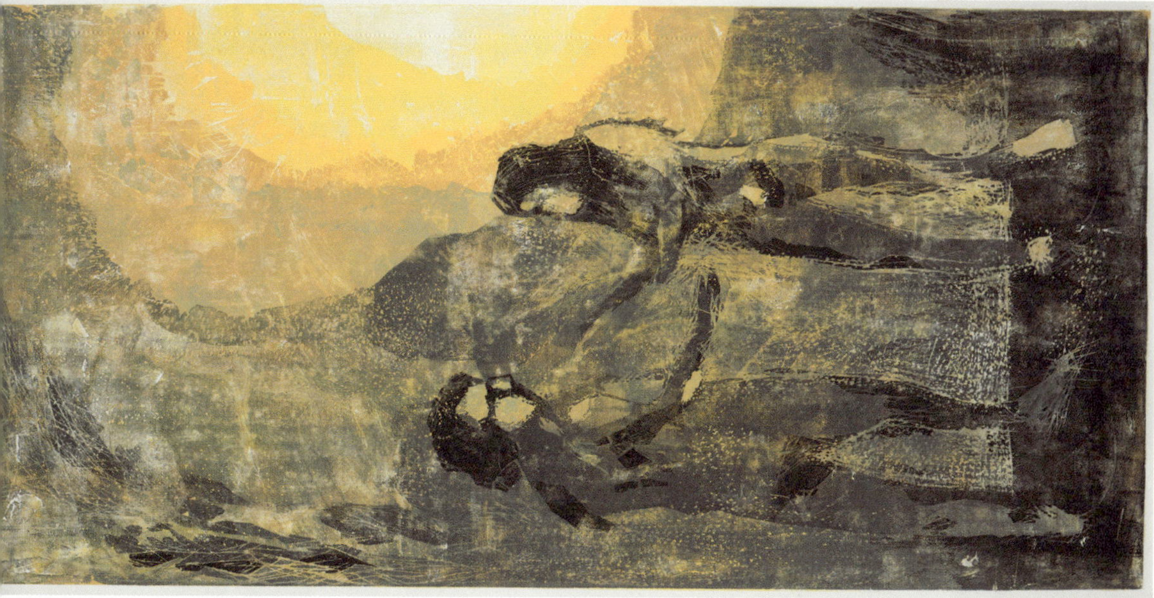

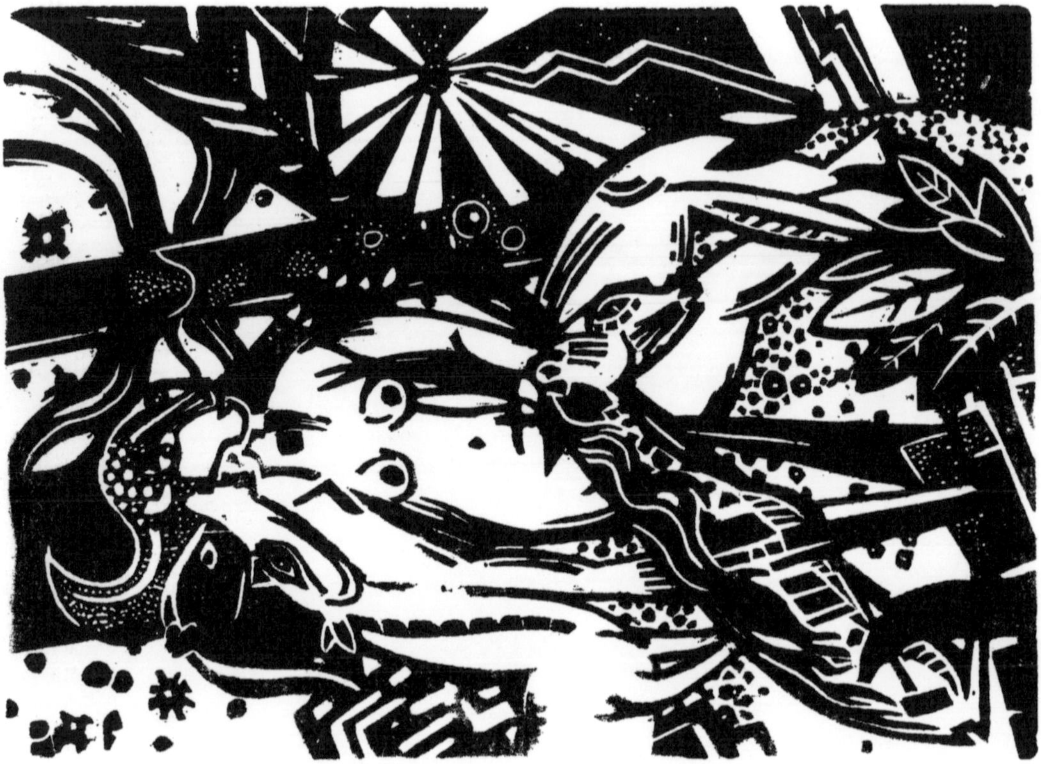

Heinrich Campendonk

*1889 †1957

—

Sitzender weiblicher Akt mit Rehen und Hund

Holzschnitt auf Bütten
18 x 12,8 cm
Neudruck aus: Heinrich Campendonk, Das graphische Werk. Neu bearbeitet von Gerhard Söhn, Düsseldorf 1996 (500 Ex.)

—

Mit einiger Berechtigung könnte man fragen, was ein Holzschnitt eines deutschen Expressionisten in der Kategorie „Alte Meister" zu suchen hat. Die Antwort muss hier dreifach ausfallen. Die erste ist schlicht und einfach „nichts". Die zweite hat praktisch künstlerische Hintergründe: Jan Svenungsson suchte für eine Collagierung zusammen mit der Sündenfall-Szene von Burgkmair (siehe S. 101) eine ›moderne‹ Entsprechung und bewies dabei intentional oder intuitiv eine glückliche Hand, was uns zur dritten Antwort führt.

Heinrich Campendonks Motivwahl nimmt ähnlich wie die seines Zeitgenossen und Freundes Franz Marc ihren Ausgangspunkt beim bäuerlichen Lebensraum mit seiner Tier- und Pflanzenwelt, die zum Symbol für die Suche nach einer natürlichen, gewissermaßen vorindustriellen oder – um einen religiösen Terminus zu gebrauchen – von „Erbsünde" freien Lebensweise wird. Ein nicht fertiggestelltes Vorhaben der Künstlervereinigung „Blauer Reiter", der sowohl Marc als auch Campendonk angehörten, war es u. a., eine Bibel zu illustrieren, zu der Marc bereits Blätter mit dem expliziten Titel „Schöpfungsgeschichte" beigesteuert hatte. Campendonk bewegt sich ikonografisch auf sehr ähnlichem Gebiet, und wenn er auch nie Bildtitel vergeben hat, so ist es doch naheliegend, in der Szene des vorliegenden Blattes Eva im Paradies mit den Tieren zu sehen.

Aber Campendonk (und mit ihm viele Expressionisten wie Marc, Schmidt-Rottluff oder Heckel) bezog sich nicht nur inhaltlich auf ein häufig aufgegriffenes Thema der deutschen Kunst des 15. und 16. Jahrhunderts, sondern viele Quellen verweisen auf die Gotik als eine wichtige Inspirationsquelle für den Expressionismus auch in formalen Fragen. Ein glänzendes Beispiel dafür liefert der Almanach „Der Blaue Reiter"[43] von 1912, wo die Abbildungen von Kunstwerken des Mittelalters, außereuropäischer und bäuerlicher Kunst bis zur Kinderkunst und den Kunstwerken der Zeitgenossen beim Betrachter zu einer synästhetischen[44] oder synthetischen Wahrnehmung der Kunstrichtungen aller Zeiten führen sollte. Der Gotik ist dabei viel Platz eingeräumt. Und Paul Westheim, ein Zeitgenosse Campendonks, stellt die Gemeinsamkeiten zwischen ›modernem‹ und ›primitivem‹ Holzschnitt über die Gegensätze, die „mehr taktischer Art, begründet in dem andersartigen ästhetischen Verhalten der beiden Epochen" seien, während die Beziehung ins Auge falle, „wenn man den Vergleich erstreckt auf […] das innere Ziel der Gestaltung, wenn man sich bewußt wird, wie und zu welchem Darstellungszweck die Ausdrucksmittel aufgeboten werden"[45].

20 S. 21

Jan Svenungsson

–

BCS Trial

Zeichnung auf Büttenpapier
ca. 38 x 26,5 cm

–

geboren 1961 in Lund, Schweden

› 2007 – 2009 Professor für künstlerische Forschung am Graduiertenkolleg der Akademie für Bildende Kunst in Helsinki
› seit 2011 Professor für Grafik und Druckgrafik an der Universität für angewandte Kunst Wien
› arbeitet und lebt als bildender Künstler in Berlin und Wien

Ich mag es, wenn mich das Resultat meiner Arbeit überrascht. Ich ziele darauf ab, Arbeitsweisen zu kreieren, durch die ich neue Inhalte schaffe, ohne diese vorher festlegen zu müssen. Bei diesem Projekt habe ich mich entschlossen, zwei Holzschnitte aus unterschiedlichen Epochen übereinander zu legen und eine exakte Zeichnung der Bereiche zu machen, in denen das Schwarz beider Drucke aufeinander trifft. Wenn man die beiden Ausgangsbilder genau betrachtet, stellt man fest, dass sie einander in verschiedenen Aspekten ähneln. Einige davon habe ich in mein Bild übertragen. Mein nächster Schritt wird es sein, aus meiner Zeichnung einen Holzschnitt zu machen, ohne noch einmal auf Campendonk und Burgkmair zu sehen.

Jan Svenungsson

S. 21

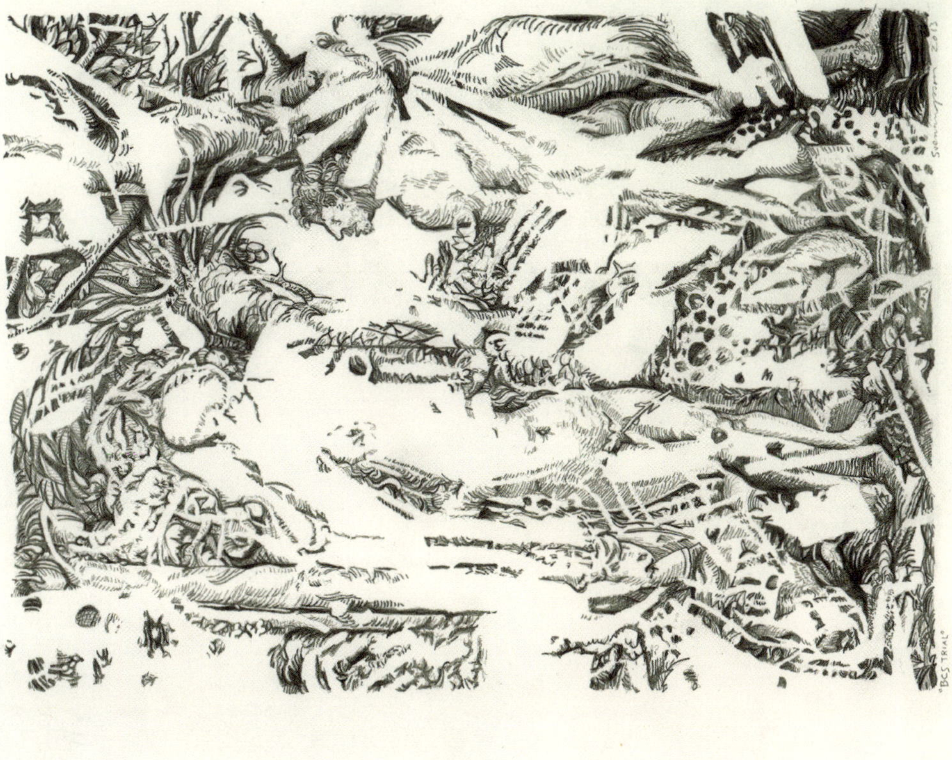

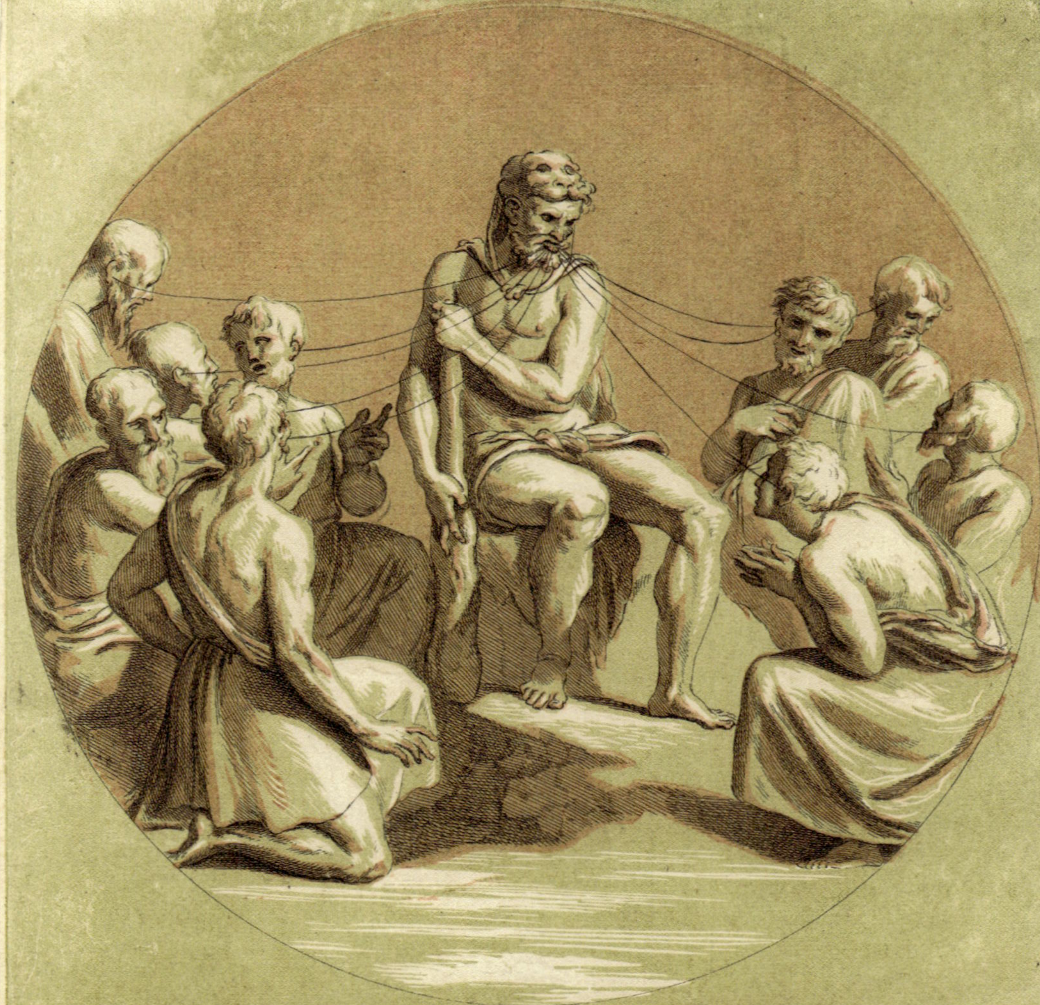

HERCULE GAULOIS, ou L'ELOQUENCE.

d'Apres le dessein de Raphaël, qui est dans le Cabinet de M.r Crozat

de la mesme grandeur de l'Estampe, gravé en cuivre par Charles Nicolas Cochin, et en bois par Vincent le Sueur. 38

Vincent Le Sueur

***1668 †1743**

Charles Nicolas Cochin

***1715 †1790**

—

Hercule Gaulois ou l'Eloquence

Kupferstich und Clair-obscur-Holzschnitt
28 x 25 cm
aus: Recueil d'Estampes d'après les plus beaux Tableaux, et d'après les plus beaux desseins qui sont en France dans le Cabinet du Roy et dans celui du Duc d'Orleans, et dans autres Cabinets („Recueil Crozat"), Imprimerie Royale, Paris 1729, 1. Bd., Tafel 38

—

„Man ist derzeit von der Nützlichkeit von Drucken so überzeugt, daß man ihnen nie zuvor mit größerem Eifer nachgespürt hat; und das Publikum hat die in letzter Zeit zusammengestellten Grafikbände so gut aufgenommen, daß man ihm in seinem Geschmack am besten entgegenkommt, indem man ihm neue bietet." So kündigte der Herausgeber und berühmte Grafikkenner und Kunsthändler Pierre-Jean Mariette im Mercure de France einen Sammelband mit Reproduktionsgrafik nach italienischen Meistern des 16. Jahrhunderts an, der später als „Recueil Crozat" berühmt wurde.

Wie schon aus dem Titel hervorgeht, sollten darin u.a. Zeichnungen reproduziert werden, und zwar sowohl aus der königlichen Sammlung, als auch aus den großen Adels-Sammlungen aber z. B. auch der Privatsammlung des königlichen Bankiers Pierre Crozat, der als Verantwortlicher für die Gestaltung der Sammelbände großen Einfluss auf die Auswahl der Vorlagen ausübte. Den ganzseitigen Drucken im Folioformat wurden von Mariette verfasste Texte mit didaktischem Anspruch gegenübergestellt, und die von den besten französischen Stechern angefertigten Reproduktionen, die die Ästhetik von Renaissanceblättern teilweise in aufwendigen Kombinationstechniken (wie in unserem Blatt) imitierten, folgten der Vorliebe der Herausgeber für die italienische Kunst. Mit dem Resultat, dass von einem ursprünglich geplanten mehrbändigen Kompendium, das alle nationale Schulen einbeziehen sollte, nur zwei, hauptsächlich dem Werk Raffaels gewidmete Bände übrigblieben.

Von den im Frankreich des 18. Jahrhunderts wahrlich nicht wenigen enzyklopädischen Werken mit Bildungsanspruch[46], die ihre Beweiskraft auf den großzügigen Einsatz von Bildern stützten, ist der „Recueil" dennoch ein herausragendes Beispiel. Die erwartete Wertschätzung beim „Publikum", die auf einen höheren Absatz im Handel mit Originalblättern als direkte Begleiterscheinung hoffen ließ, drückte sich nicht nur in einer für ein Luxusprodukt hohen Auflagenzahl aus, sondern u. a. auch in der Bewerbung durch Berühmtheiten wie Voltaire, der feststellte, dass „eins der Dinge, die Gott am meisten liebt, ein Band von Drucken nach den größten Meistern ist", worauf er den Namen Crozat gleich noch im Sinne des „product placement" folgen ließ.[47]

Philipp Renda

—

hercule

Tusche, Bleistift und Monotypie
50 x 70 cm (Blatt)
4 Unikate

—

geboren 1989 in München

› studiert seit 2010 Bildende Kunst an der Universität für angewandte Kunst Wien, Abteilung Grafik | Druckgrafik

Ausstellungen:

› 2012 „zustände“, Klaus Wieselmann, Wien
› 2013 „chibolet? schibole.... Gibolé!”, Morrison, Wien

Philipp Renda setzt sich in seiner Arbeit immer wieder mit Mythen der Antike auseinander. Er findet darin das Material, seine Geschichten ganz persönlich erzählen zu können, ohne Distanzlosigkeit fürchten zu müssen.

In seinen Zeichnungen nimmt er auf Taten und Erlebnisse von Herkules Bezug, löst diese aber gleichzeitig aus dem Kontext, öffnet die Bildsprache genauso wie die Komposition und bringt dafür viel Sensibilität im Ausdruck und in der Kombination von Zeichenmaterial, Papier und Technik in die Arbeit. So entsteht eine dichte Stimmung, die offen ist für das Nachfühlen.

Die subtile Verwendung der Monotypie schafft ein quasi wiederholbares Element und erinnert gleichzeitig an ein anderes Objekt, das in seinem Abklatsch sichtbar wird. Philipp Rendas Strich zeugt von Eloquenz in der Sprache der Zeichnung.

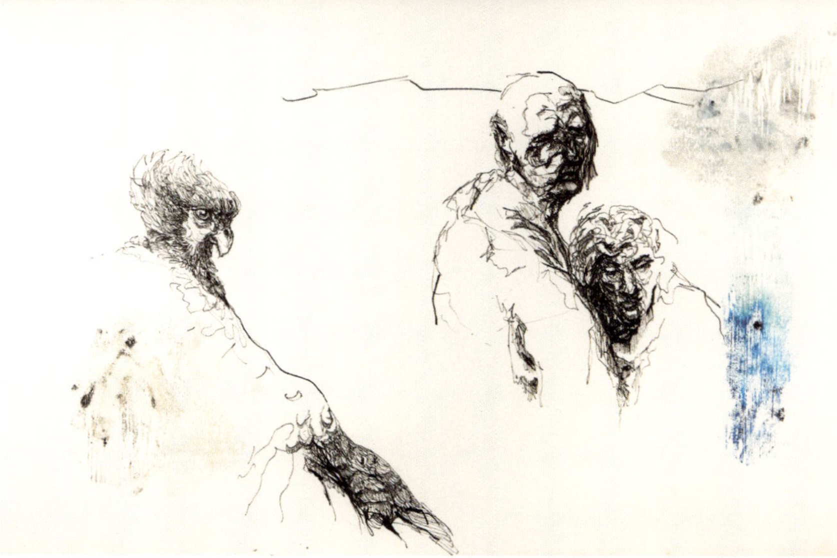

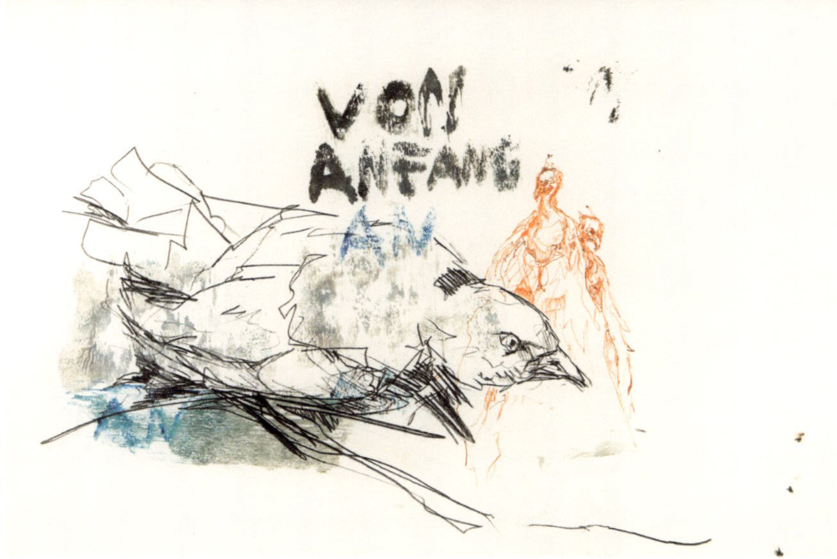
VOM
ANFANG

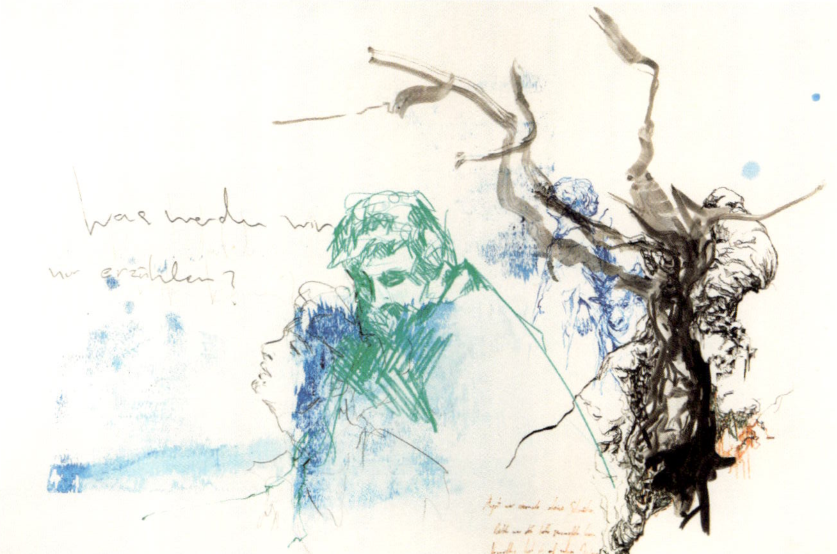
Was werden wir
uns erzählen?

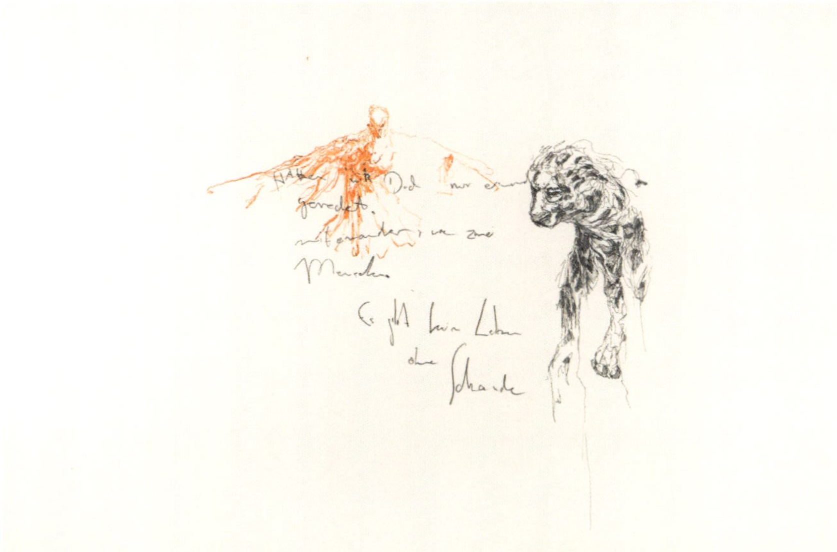
Es gibt kein Leben
ohne
Schande

Michael Schneider

–

Zeitreisen, Vatermord und Meisterschaft

„Am Ende sind doch immer die Schlimmsten Meister, das heißt: Vorgesetzte, Chefs, Direktoren, Präsidenten, Generäle, Minister, Kanzler. Ein anständiger Mensch schämt sich, Vorgesetzter zu sein!"

Arno Schmidt[1]

Die Studierenden der Abteilung Grafik | Druckgrafik an der Universität für angewandte Kunst Wien werden ihr Studium mit dem Titel Magister artium abschließen. Der Titel bestätigt den AbsolventInnen, eine Meisterschaft erlangt zu haben. Allerdings haben sich Kunstuniversitäten inzwischen terminologisch von der Meisterschaft getrennt.

Die auf den Akademien einst üblichen Meisterklassen sind aus der Tradition des Lernens und Lehrens in der Werkstätte des Handwerker-Meisters entstanden. Auch wenn die Meisterklassen durch Abteilungen ersetzt wurden, ist der Geist der Meisterschule speziell in den Werkstätten der Druckgrafik besonders stark zu spüren, denn diese haben aufgrund der hohen handwerklich-technischen Anforderungen den Werkstattmeister nie aufgegeben.

Die Druckgrafik entsteht seit den Anfängen der Schwarzen Kunst in der Werkstatt eines Meisters und das Studium der Druckgrafik hat sich daher sehr an Werkstatttraditionen orientiert. Stärker als in anderen Bereichen der bildenden Kunst hat sich das Verhältnis von Meister und Lehrling hier auch im universitären Lehrbetrieb erhalten.

Lehre und Training in einer herkömmlichen Werkstätte haben viel mit Glauben und Wiederholen zu tun: mit dem Etablieren einer Vorgangsweise und deren Weitergabe, mit dem genauen Erfüllen von dogmatischen Vorgaben und mit der Bereitschaft zur Unterwerfung des Schülers unter den Meister. Erklärungsbedarf hat der Meister in seinem Reich nicht, seine patriarchalische Herrschaft ist absolut. Kritisches Hinterfragen und diskursive Auseinandersetzung sind nicht erwünscht und Änderungen des Status quo stehen nur dem Meister zu.

Die Werkstatttraditionen haben besondere ikonographische Traditionen begünstigt. Damit beginnt das Spiel, dass bestimmte Ausdrucksweisen, formale Kürzel für Inhalte fixiert und tradiert werden. Diese besondere Wirkung der Druckgrafik beschreibt William M. Ivins in der Einleitung zu seinem bahnbrechenden Werk von 1953, „Prints And Visual Communication": „Historians of art and writers of aesthetic theory have ignored the fact that most of their thought has been based on exactly repeatable pictorial statements about works of art rather than first hand acquaintance with them."

Ziel der Ausbildung zum druckgrafischen Meister ist die Wiederholung, ja Perpetuierung der Bildformeln. Die Erfahrung von Kunst und bildlichen Darstellungen – der visuellen Information – ist durch die Meisterschaft der Schneider, Stecher und Drucker möglich geworden. Daraus entsteht eine mediale Wirklichkeit, die ein Eigenleben gewinnen kann: Was wir heute als Memes im Internet finden, gab es in Holz geschnitten bereits im Zuge der Reformation, also im 16. Jahrhundert.

Epilog

Die Druckgrafik bot durch Jahrhunderte die Interpretation der Welt, indem sie Bilder lieferte, die durch die Augen der Meisterzeichner gesehen und durch die Hände der Meisterstecher und Meisterdrucker verbreitet wurden, und damit die Wahrnehmung und ideologische Grundhaltung vieler Menschen beeinflusst haben.

Technische Meisterschaft im Sinne von Virtuosität ist eine beliebte Kategorie, in der sich ein Meisterwerk qualifizieren kann. Scheinbar objektive Kriterien lassen sich heranziehen, um die Qualität einer Arbeit zu beurteilen. Die Virtuosität als solche erzeugt einen gewissen Eigenwert der jeweiligen Arbeit, der unabhängig von einer inhaltlichen Fragestellung oder eines Kontextes Sicherheit bietet. Die so geschaffenen Werte werden gehandelt und gesammelt. Die handwerkliche Tradition an den Akademien war im 20. Jahrhundert kein simples Überbleibsel einer stolzen Geschichte von Meisterschaft und Virtuosität, sondern es wurde ganz bewusst ein Kult der technischen Perfektion geschaffen. Dieser Kult unterschied die künstlerische Druckgrafik von den massenweise gedruckten Bildern, die durch die technische Entwicklung ab den 1950er Jahren möglich geworden waren.

Um diese Unterscheidung auch am Kunstmarkt deutlich sichtbar zu machen, wurde ein verbindlicher Wertekanon der Druckgrafik in Kraft gesetzt, der die Werkstatt-Tradition, die Meisterschaft und wenigstens die Suggestion des Handdruckes neben anderen Kriterien zur Werterhaltung des Handels- und Sammelgutes etablierte.

In Reaktion auf die wirtschaftliche Bedrohung durch den Offsetdruck haben sich Generationen von KünstlerInnen in die handwerkliche Tradition und in Konventionen der Bezeichnung, Nummerierung, Signierung geflüchtet. Endlose Diskussionen über das technisch Erlaubte, die „Zulässigkeit" der Verwendung der Fotografie, die Anerkennung des Siebdrucks im Rahmen der Druckgrafik, um nur einige der Schauplätze heftigen Ringens zu nennen, haben die Aufmerksamkeit von KünstlerInnen über Jahrzehnte gebunden.

Die politische Konstellation im Europa des Kalten Krieges hat sowohl im Westen als auch im Osten den Rückzug der gedruckten Kunst, die immer eine höchst politische war, auf die Virtuosität, die wichtiger wurde als der Inhalt, gefördert.

Indem die Diskussion auf technische Qualitäten und Finessen reduziert wurde, konnten druckgrafische Werke zwischen Ost und West ausgetauscht werden. In ihrer entpolitisierten Erscheinung erfüllte die Druckgrafik eine besondere politische Brückenfunktion.

Dem „Standing" der Druckgrafik innerhalb des Kunstsystems war es nicht zuträglich, dass die Kanonisierung und Reglementierung in der zweiten Hälfte des 20. Jahrhunderts als durchaus reaktionäre Werte empfunden wurden. Zunehmend war KünstlerInnen, die sich in grafischen Techniken ausdrückten, das Attribut „traditionell" sicher. Die Druckgrafik, in der die Medienkunst ihren Ursprung hat, war dadurch in ihrer Entwicklung erstarrt.

Inzwischen bewegt sich die gedruckte Kunst junger Kunstschaffender in einem stark veränderten Umfeld. Grundlage für Meisterwerke in diesem Umfeld ist nicht mehr die handwerkliche Meisterschaft, die Virtuosität und das Herrschen über die Mittel der Gestaltung. Es ist das Beherrschen der kommunikativen Strategien.

Die „jungen Meister", die sich an dem Projekt „Old Masters – Young Masters" beteiligt haben, sind sich des gegenwärtigen Ausgangspunktes und der Bedeutung der kürzlich stattgefundenen Paradigmenwechsel bewusst und zeigen dies in ihren Arbeiten deutlich.

Die Reflexion über das Medium selbst ist ein wichtiger Teil der künstlerischen Konzeption im Bereich der Druckgrafik. Denn eine Skizze ist schnell geschaffen, auch eine Reinzeichnung ist meist eine überschaubare Anstrengung. Diese aber zum Beispiel in Holz zu schneiden, bedarf eines ungleich höheren Engagements. Allein der technische, handwerkliche, finanzielle, zeitliche Aufwand, der nötig ist, um ein Bild zu vervielfältigen, verlangt überzeugende Argumente. Auch das verlegerische Risiko braucht immer eine Rechtfertigung. Der medienkritische Ansatz, der in den Arbeiten der Ausstellung „Old Masters – Young Masters" sichtbar ist, steht gleichermaßen auf dem Fundament der Tradition der druckgrafischen Arbeit und auf der Basis des kritischen Apparates der Gegenwartskunst.

Die von Herwig Tachezi der Abteilung Grafik und Druckgrafik zur Verfügung gestellten historischen Blätter umfassen fast alle Aspekte der publizierten Kunst. Zur Auswahl standen Fixsterne am Firmament der Kunst wie Goya, Cranach und Burgkmair, politisch und religiös bedeutende Drucke aus Reformation und Gegenreformation, weiters Bücher zu Geschichte und Wissenschaft wie die Schedelsche Weltchronik oder der Bericht Julius Payers über die Entdeckung des Franz-Josef-Landes, bis hin zu kritisch ironischen Bildkommentaren zu Gesellschaft und Zeitgeist und zu Ephemera wie Spielkarten.

Die Inspiration durch diese Blätter, Bücher und Objekte hat unterschiedlichste Reaktionen hervorgerufen. Die ikonographischen, formalen, inhaltlichen, atmosphärischen, transmedialen, ironisierenden, kritischen, historischen und kunsthistorischen Zugänge erlauben alle einen höchst individuellen Umgang mit den Arbeiten von KollegInnen aus früheren Zeiten. Die Kommunikation über Zeit und Ort hinweg ist erst mit dem Druck und der Vervielfältigung möglich geworden. Die „jungen" Werke, die in der Ausstellung „Old Masters – Young Masters" versammelt sind, zeigen kein kunsthistorisch erforschtes Wissen, sondern einen Dialog, der sowohl emotional als auch intellektuell in großer Vertrautheit Bild findet. Alle Arbeiten setzen die Technik bewusst als Instrument der Kommunikation und nicht bloß zur Vervielfältigung ein. Die Überlegung, ein Bild zum Beispiel als Hochdruck zu realisieren, ist dementsprechend keine Frage des Könnens oder der Meisterschaft, sondern einer bestimmten Ästhetik, Haptik oder Anmutung, um bestimmte Inhalte zu vermitteln. In vielen Fällen sind diese Qualitäten nur in der Autopsie zu erfahren und gehen in der Reproduktion hier im Katalog verloren. Dies ist eine seltsame Ambivalenz, ist die Druckgrafik doch geeignet, um mittels Auflagendruck zu publizieren, während sie gleichzeitig in der Reproduktion oft vieles von ihrer Faszination verliert.

Besonders sichtbar wird dies in der Arbeit von Jasmin Edelbrunner, die zwar nicht im Druck reproduziert werden kann, in der Reproduktion aber eine völlig neue Qualität gewinnt. Der Monitor an Stelle des Papiers, die Einbeziehung der betrachtenden Personen in die der Darstellung von Daumier entsprechende Arbeit durch Spiegelung, die spielerische „Auslöschung" des historischen Bildes in seiner digitalen Variante voller Ironie und Augenzwinkern schaffen eine faszinierende kommunikative Situation. Wir als Betrachtende stehen im Bild und außerhalb des Bildes und werden durch den kreativen Prozess, die Zerstörung der Reproduktion, in die staunenden Bürger verwandelt, die in Daumiers Holzstich, bloßgestellt, dem Künstler im Nacken sitzen. Die Wiederholung des Vorgangs schiebt das Bemühen um Auslöschung ins Absurde und steigert die Bloßstellung des Bürgers, während gleichzeitig eine Qualität der neuen digitalen Medien, die Virtualisierung und Simulation sichtbar werden. Die unbegrenzt verlustfreie Vervielfältigung dieser digitalen Arbeit ist jederzeit in digitalen Netzwerken möglich und die Verbreitung fast kostenfrei. Wäre diese Arbeit aber nicht gemeinsam mit dem zugrundeliegenden Holzstich „Peintres et bourgeois" zu sehen, wäre sie nicht komplett, nicht geschlossen in ihrer Logik.

Die TeilnehmerInnen an der Ausstellung „Old Masters – Young Masters" wussten schon bei der Konzeption der Werke für die Ausstellung, dass ihre Arbeiten in einem Buch, einer Offset-Publikation abgebildet würden. Auch für unsere Ausstellung und dieses Buch gilt, was Wolfgang Ullrich formulierte: „Reproduktionen sind, paradox formuliert, oft älter als die Originale, bedenken Künstler doch die Reproduzierbarkeit ihrer Werke schon vor deren Entstehung."[2]

Wir können Meisterschaft erreichen. Wir können meisterhafte Strategien der Kommunikation entwickeln, die uns erlauben, im Medium Druck Inhalte weit über das Verbalisierbare hinaus zu vermitteln. Wir erlernen die technischen Fähigkeiten, um Konzepte zu entwickeln, die es uns erlauben, die Strategien der medialen Kommunikation zu meistern, die wir brauchen, um in der Welt im Kommunikationszeitalter als KünstlerIn agieren zu können. Wir sollten niemals unterschätzen, was wir in diesem Medium erreichen können.

[1] Arno Schmidt: Aus dem Leben eines Fauns, 1953, Bargfelder Ausgabe, Werkgruppe I, Band 1, Haffmans, Zürich 1987, S. 304, BA I/1
[2] Wolfgang Ullrich: Raffinierte Kunst, Verlag Klaus Wagenbach, Berlin 2009, S. 17

Anmerkungen

[1] Erschienen in „Le Boulevard“, 20. April 1862 mit dem Untertitel: „Fichtre!... Epatant!... Sapristi!... Superbe!... ça parle!... (Alle Achtung!... Verblüffend!... Sapperlot!... Großartig!... es spricht!...)

[2] Johann Wolfgang von Goethe: Farbenlehre, Stuttgart 1950 – 55 (EA 1810)

[3] Goethes Werke, 4 Abteilungen, 133 Bde. (in 143), hg. im Auftrage der Großherzogin Sophie von Sachsen, Weimar 1887 – 1919, 1. Abt., Bd. 32, 1906, S. 446

[4] Wilhelm Bode: Rembrandt und seine Zeitgenossen, 2. Aufl., Leipzig 1907, S. 132

[5] „Groteske Köpfe“ stellen weder Porträts noch Karikaturen dar, sondern sind eher Ausdruck einer für die Renaissance typischen anthropozentrischen Sicht und des Versuchs, die Möglichkeiten menschlichen Ausdrucks auszuloten. Mindestens für Leonardo scheint festzustehen, dass dazu jedes Vorbild recht war, seien es Typen aus dem täglichen Leben, Leichen oder Herrscherporträts auf römischen Münzen.

[6] zitiert nach Ian Fleming-Williams: John Skippe – Notes on His Life and Travels, in: Master Drawings, Vol. 3/3, New York 1965, S. 270

[7] A.a.O., S. 269

[8] Heute in den Münchner Pinakotheken bzw. in der Staatlichen Graphischen Sammlung München.

[9] Da Carpi rühmte sich 1516 in seinem Gesuch um ein Privileg beim venezianischen Senat, den Chiaroscuro (frz. auch „Clair-obscur“)-Holzschnitt erfunden zu haben.

[10] Unter „deutschen Künstlern“ sind dabei u.a. Cranach, Burgkmair und Baldung zu verstehen, die schon vor da Carpi mit der Clair-obscur-Technik (dt. „Tonschnitt“), also mit der Kombination aus einer Farbplatte (aus der die sich im Druck durch den hellen Papierton ergebenden Lichter ausgeschnitten wurden) mit einer schwarzen Strichplatte für die Zeichnung experimentiert hatten. Nebenbei bemerkt blieb der Clair-obscur-Holzschnitt im Deutschland der Frührenaissance im Gegensatz zur späteren Entwicklung in Italien, wo er Schule machte, ein Sonderfall.

[11] Achim Gnann: In Farbe! Clair-obscur-Holzschnitte der Renaissance, München 2013, S. 14

[12] Die Übertragung der Zeichnung auf die Holzstöcke und der sogenannte „Formschnitt“ – also das Schneiden der Platten – wurden dann in Werkstattarbeit erledigt. Natürlich gab es aber auch im Norden auf das Kopieren anderer Meister spezialisierte Künstler wie z.B. Israhel van Meckenem oder die Brüder Hopfer.

[13] Die beiden Lehrmeister Dürers Michael Wolgemut und Wilhelm Pleydenwurff zeichneten für die Illustrationen – inklusive Entwurfzeichnung, Übertragung und Formschnitt – der „Schedelschen Weltchronik“ (siehe S. 97) und des „Schatzbehalter“ verantwortlich.

[14] Wenn er es in vielen Fällen später vielleicht nicht tat, dann, weil er es nicht als seine Aufgabe ansah oder sich der Formschnitt gerade durch die Herausforderungen einer Dürerschen Vorzeichnung als Handwerk schnell weiterentwickelt hatte und Dürer bei der Umsetzung auf seine Schüler vertrauen konnte. Beim Schwarzlinienschnitt, wo es um eine möglichst getreue Widergabe der Vorzeichnung geht, hatte der Formschneider allerdings wesentlich weniger Freiheit als bei der Umsetzung einer Zeichnung in den Chiaroscuro-Schnitt.

[15] Es hielt sie allerdings nicht davon ab, den einen oder anderen Entwurf direkt auf den Holzstock zu zeichnen, was für Tizian verbürgt ist. Parmigianino war dagegen einer der ersten (wenn nicht der erste) Künstler Italiens, der sich mit der Technik der Radierung beschäftigte.

[16] Das betrifft auch örtliche Nähe, wie im Falle Antonio da Trentos und Parmigianinos, die zeitweise sogar dieselbe Wohnung teilten. Doch bestanden viele solcher „Symbiosen“, z.B. zwischen Tizian und Niccolò Boldrini/Giovanni Britto oder zwischen Raffael und Marcantonio Raimondi. Siehe auch: Lisa Pon: Raphael, Dürer, and Marcantonio Raimondi - Copying and the Italian Renaissance Print, New Haven and London, 2004; oder: Tizian und Tintoretto in der Druckgrafik. Kunst, Kalkül, Kommerz, Köln 2013

[17] Es handelt sich dabei um eine Art Grabstichel, der einen großen Modulationsreichtum in der Strichstärke nach Art einer Federzeichnung zulässt.

[18] E.T.A. Hoffmann: Phantasiestücke in Callot's Manier, Bamberg 1819, Bd. 1, S. 5

[19] „...umgetauscht Gestalt und Stoff und Sein“, Dante: Inferno, 25. Gesang, 34. Strophe

[20] Max Friedländer schreibt treffend über die Stilistik des italienischen Buchholzschnittes vor 1500: „Die Linie ist gleichmäßig mager [...] etwas spröde und starr, wenn auch fein empfunden. Auf Körperlichkeit, auf Andeutung von Licht und Schatten wird bewußt verzichtet. Die Beschränkung wirkt [...] abstrakt und vornehm wie die Sprache eines Redners, der sicher ist, noch mit halber Stimme seinen Eindruck zu erreichen. In: Max J. Friedländer: Der Holzschnitt, Berlin 1970 (4. Aufl.), S. 203

[21] J. B. Jackson: An Essay on the Invention of Engraving and Printing in Chiaro Oscuro..., London 1754, S. 6

[22] Jacob Kainen: John Baptist Jackson – 18th-Century Master of the Color Woodcut, Smithsonian Institution, Washington 1962, S. 12

[23] Dabei ist es natürlich hilfreich, wenn man von den zahlreichen, zumeist posthumen Drucken einen von guter Druckqualität zu Gesicht bekommt. Harris (siehe „Literatur“, S. 119) hat in seinem Catalogue raisonné den Versuch unternommen, die äußeren Kriterien für die Zuschreibung zu den einzelnen Auflagen festzulegen.

[24]Werner Hofmann, Goya – Traum, Wahnsinn, Vernunft, München 1981, S. 180

[25]Veröffentlicht 1799

[26]Hans Holländer: Die Disparates und die Giganten – Goyas Phantasiestücke, Tübingen 1995, S. 114

[27]Stephen Goddard: Modular Prints – A Special Case of the Assembled Woodcut in the Fifteenth and Sixteenth Centuries, in: Elisabeth Wyckoff, Larry Silver et al.: Grand Scale – Monumental Prints in the Age of Dürer and Titian, New Haven and London 2008, S. 92

[28]Alfred Rethel: Auch ein Todtentanz, Leipzig 1849

[29]Heinrich Heine: Berichte für die Augsburger „Allgemeine Zeitung" 1831/32, in: Heinrich Heine: Französische Zustände, Artikel VI, Hamburg 1833, zitiert nach: http://www.heinrich-heine-denkmal.de/heine-texte/cholera.shtml, abgerufen am 19.01.2014

[30]Exakt auf diese Zeile könnte sich das zweite Blatt von Rethel „Der Tod als Freund" beziehen.

[31]„Sich des Todes nicht versehen", in Sebastian Brandt: Das Narrenschiff, Basel 1494 (Kommentierte Neuausgabe, Stuttgart 1964/1998), S. 314 f.

[32]Charles Holmes: Hiroshige – An Appreciation, in: The Dome – A Quarterly Containing Examples of All the Arts, London 1897, zitiert nach http://www.hiroshige.org.uk/hiroshige/dome/dome.htm, abgerufen am 18.01.2014

[33]Martin Luther: Ein' feste Burg ist unser Gott/ Ein gute Wehr und Waffen/ Er hilft uns frei aus aller Not/ Die uns jetzt hat betroffen./ Der alt' böse Feind,/ Mit Ernst er's jetzt meint,/ Gross' Macht und viel List/ Sein' grausam' Ruestung ist,/ Auf Erd' ist nicht seingleichen ... (Kirchenlied von 1529, 1. Strophe)

[34]siehe: Leonhard Sladeczek: Albrecht Dürer und die Illustrationen zur Schedelchronik, Baden-Baden/ Strassbourg 1965

[35]Elisabeth Rücker meint, es würden immer noch gebundene Exemplare im Handel „geschlachtet, um dem Bedürfnis der Graphiksammler mit einem ausreichenden Angebot (an Holzschnitten, Anm. des Verf.) nachkommen zu können, wodurch wiederum die Anzahl der erhaltenen Bücher geringer wird". Ich nehme an, dass nicht erst im Jahr 2014 sondern schon 1973 die Anzahl gebundener Ausgaben der Chronik so selten waren, dass es kaum noch etwas zu „schlachten" gab. Hingegen haben sich vermutlich zahlreiche nicht verkaufte Bücher, die in Lagen und nicht gebunden ausgeliefert wurden, schon sehr bald nach der Entstehungszeit willkürlich oder unwillkürlich in ihre Bestandteile aufgelöst.

[36]„Triumphzug", „Theuerdank" und „Weisskunig"

[37]Riesenholzschnitte waren schon vor Burgkmair vor allem für Kartenwerke und Tapeten verbreitet und im „Triumphbogen für Kaiser Maximilian I." erreichte das Format mit allen Einzeldrucken zusammengesetzt über 3 x 3 m.

[38]Die Stöcke und Drucke aus der Derschau-Sammlung, die sich jetzt im Kupferstich-Kabinett in Berlin befinden, werden meist als „Kopie" nach Burgkmair bezeichnet. Um solch eine Kopie handelt es sich zwar, allerdings wurde diese ganz offensichtlich einzig zu dem Zweck angefertigt, um Evas Schoß ein Feigenblatt hinzuzufügen. Zur deutlichen Unterscheidung der beiden Zustände spreche ich daher lieber von zwei Fassungen.

[39]Horst Appuhn, Christian v. Heusinger: Riesenholzschnitte und Papiertapeten der Renaissance, Unterschneidheim 1976, S. 39

[40]Der Sage nach stammten die Stöcke (zusammen mit rund 1600 weiteren Holzstöcken des 15. und 16. Jahrhunderts) aus dem Nachlass des Dürer-Freundes Willibald Pirckheimer, wahrscheinlich aber einfach aus dem Altbestand einer Nürnberger Druckerei.

[41]„Der gleychen hab wir nit wenig schriften, welche die olgeckische anbeter huren und eheprecheryn schelten, und beschlyssen , das kirchen billich hurheußer sollen geacht werden, ßo bilder in yenen gestelt und geert werden." Aus: Andreas Karlstadt: Von Abtuung der Bilder, Wittenberg 1522, in: Adolf Laube, Annerose Schneider: Flugschriften der frühen Reformationsbewegung , Bd. 1, Berlin 1983, S. 119/30

[42]Die Übermalung der nackten Stellen im „Jüngsten Gericht" an der Stirnseite der Sixtinischen Kapelle zog sich von der Deklaration im Tridentinischen Konzil (1564), in dem der Befehl dazu gegeben wurde, bis ins 18. Jahrhundert hin und beschäftigte schon im 16. Jahrhundert ganze vier Maler, die in Rom spöttisch „braghettoni" (Hosenmaler) genannt wurden.

[43]W. Kandinsky, F. Marc (Hrsg.): Der Blaue Reiter, München 1912 (von Klaus Lankheit kommentierte Neuausgabe, München/Zürich 1984)

[44]Auch Musik und Literatur spielte eine große Rolle. Folgerichtigerweise war der Almanach zwar eindeutig bildlastig, aber die Verbindung schufen die von den herausgebenden oder assoziierten Künstlern selbst verfassten Texte und Partituren.

[45]Paul Westheim: Das Holzschnittbuch, Potsdam 1921, S. 180 f.

[46]Vergleiche dazu die berühmte „Enzyclopédie...des sciences, des arts et des métiers" von Diderot und d'Alembert (Paris 1750 – 1772) mit den gestochenen Tafelbänden.

[47]„Une des choses que Dieu aime davantage est un Recueil d'Estampes d'après les plus grands Maîtres...Crozat préside à ce dessin:/il conduit le docte burin/De la gravure scrupuleuse...", Voltaire: Temple du goût, in: Oeuvres complètes de Voltaire, 10. Bd., Paris 1817, S. 180 f.

Literatur

S. 25: Kurt Löcher: Cranachs Holzschnitt-Passion von 1509 – ihre Wirkung auf die Künste, in: Anzeiger des Germanischen Nationalmuseums, Nürnberg 1990, S. 9 – 52

S. 25: Anni Wagner (Vorw.): Lucas Cranach d. Ä. – Einblattholzschnitte, 3 Bde., München 1972

S. 25: J. W. von Moltke, Wend Graf von Kalnein, Horst Keller: Lucas Cranach d. Ä. – Grafik, Bielefeld 1972

S. 29: Zsuzsa Gonda: A Satirist, a Scoffer – Honoré Daumier (1808 – 1879), The Master of French Caricature, Budapest 2012

S. 33: Uwe Schögl: Goethe, Lavater und die „Physiognomischen Fragmente", in: Konrad Scheurmann, Ursula Bongaerts-Schomer (Hg.): „... endlich in dieser Hauptstadt der Welt angelangt!" Goethe in Rom – Publikation zur Eröffnung der Casa di Goethe in Rom, 2 Bde., Mainz 1995 zitiert nach: http://www.onb.ac.at/ausb/pro2/pt8/goethe.htm, abgerufen am 2.1.2013

S. 37: Seymour Slive: Jacob van Ruisdael: A Complete Catalogue of His Paintings, Drawings, and Etchings, New Haven & London 2001

S. 37: Martina Sitt, Pieter Biesboer (Hg.): Jacob van Ruisdael – Die Revolution der Landschaft, Hamburg 2002

S. 37: K. Zoege v. Manteuffel: Die Niederländische Radierung – Von den Anfängen bis zum Ende des Siebzehnten Jahrhunderts, München 1925

S. 41: André Chastel (Hg.): Leonardo da Vinci – Sämtliche Gemälde und die Schriften zur Malerei, München 1990

S. 41: Ian Fleming-Williams: John Skippe – Notes on His Life and Travels, in: Master Drawings, Vol. 3/3, pp. 268 – 275, Master Drawings Association, New York 1965

S. 41: Rolf Arnim Winkler: Die Frühzeit der deutschen Lithographie – Katalog der Bilddrucke von 1796 – 1821, München 1975

S. 45: Achim Gnann: In Farbe! Clair-obscur-Holzschnitte der Renaissance, München 2013

S. 45: Dieter Graf, Hermann Mildenberger: Chiaroscuro – Italienische Farbholzschnitte der Renaissance und des Barock, Berlin 2001

S. 49: Daniel Ternois: L'Art de Jacques Callot, Paris 1962

S. 49: Eckhart Knab: Die Kunst der Graphik V – Jacques Callot und sein Kreis, Wien 1968

S. 53: Walter Naumann, Ferdinand Barth: Dante Alighieri – Die göttliche Komödie, Prosaübersetzung und Erläuterungen, 2 Bde., Darmstadt 2004

S. 53: Scott McCloud: Understanding Comics – The Invisible Art, Northampton MA 1993

S. 57: H. Walter Lack: Ein Garten Eden, Taschen Verlag, 2001

S. 61: J. B. Jackson: An Essay on the Invention of Engraving and Printing in Chiaro Oscuro ..., London 1754

S. 61: Jacob Kainen: John Baptist Jackson: 18th-Century Master of the Color Woodcut, Smithsonian Institution, Washington 1962

S. 63: Hans Holländer: Die Disparates und die Giganten – Goyas Phantasiestücke, Tübingen 1995

S. 63: Werner Hofmann: Goya – Traum, Wahnsinn, Vernunft, München 1981

S. 63: Tomás Harris: Goya – Engravings and Lithographs, 2 Bde., Oxford 1964

S. 67: Stephen Goddard: Modular Prints – A Special Case of the Assembled Woodcut in the Fifteenth and Sixteenth Centuries, in: Elisabeth Wyckoff, Larry Silver et al.: Grand Scale – Monumental Prints in the Age of Dürer and Titian, New Haven and London 2008, pp. 87 – 97

S. 67: Gero Seelig: Inkunabelillustration mit beweglichen Bildteilen, in: Gutenberg-Jahrbuch, Jg. 70, Mainz 1995, S. 102 – 134

S. 73: D. Hoffmann, P. Kopp, F. Koreny: Spielkarten – ihre Kunst und Geschichte in Mitteleuropa, Wien 1974

S. 73: Detlef Hoffmann: Die Welt der Spielkarte – Eine Kulturgeschichte, München 1972

S. 77: Brian P. Copenhaver: The Historiography of Discovery in the Renaissance – The Sources and Composition of Polydore Vergil's De Inventoribus Rerum, I-III: in: Journal of the Warburg and Courtauld Institutes, Vol. 41, 1978, pp. 192 – 214

S. 81: Marion Munz Krines: Expeditionen ins Eis – Historische Polarreisen in der Literatur, Frankfurt 2008

S. 85: Ernst Rebel: Alfred Rethel – Auch ein Todtentanz, in: Meisterwerke der Druckgrafik, Stuttgart 2010, S. 207

S. 85: Stefanie Knöll (Hg.): Narren – Masken – Karneval. Meisterwerke von Dürer bis Kubin aus der Düsseldorfer Graphiksammlung „Mensch und Tod", Regensburg 2009

S. 89: Isaburo Oka: Hiroshige – Japan's Great Landscape Artist, Tokyo 1992

S. 89: Edward F. Strange: Hiroshige's Woodblock Prints – A Guide, London 1925 (Reprint New York 1983)

S. 89: Basil Stewart: A Guide to Japanese Prints and Their Subject Matter, New York 1922 (Reprint New York 1979)

S. 97: Elisabeth Rücker: Die Schedelsche Weltchronik, München 1973

S. 101: Peter Prange, Raimund Wünsche: Das Feige(n)blatt, München 2000

S. 101: Renate Kroll: Holzstöcke des 16. Jahrhunderts aus dem Kupferstichkabinett der Staatlichen Museen zu Berlin, in: Arbeitskreis Bild Druck Papier, Bd. 3, Kassel 1998, S. 29 – 35

S. 101: Horst Appuhn, Christian v. Heusinger: Riesenholzschnitte und Papiertapeten der Renaissance, Unterschneidheim 1976

S. 101: T. Falk, R. Biedermann, H. Geissler: Hans Burgkmair – Das Graphische Werk, Stuttgart 1973

S. 109: Benedict Leca: An Art Book and Its Viewers: The „Recueil Crozat" and the Uses of Reproductive Engraving, in: Eighteenth-Century Studies, Vol. 38, No. 4, Baltimore 2005, pp. 623 – 649

Jan Svenungsson, Michael Schneider, beide: Grafik | Druckgrafik, Universität für angewandte Kunst Wien, Österreich; Herwig Tachezi, Galerie Hochdruck, Wien, Österreich

AMBRA | V ist ein Unternehmen der Medecco Holding GmbH, Wien
Printed in Austria

Herzlichen Dank an folgende Personen,
die maßgeblich zum Gelingen des Projektes beigetragen haben:
VL Mag.[a] art. Henriette Leinfellner (Coaching Tiefdruck), VL Mag.[a] art. Flora Zimmeter und Univ. Ass. Mag.[a] Art. Larissa Leverenz (Coaching Siebdruck), VL Mag. art. Zekerya Saribatur (Coaching Lithographie), Mag.[a] Anja Seipenbusch, Miro Janczyk – vienna arthandling, Attila Biás – Galerie Hochdruck

Katalogtexte (wenn nicht anders angegeben)
Alte Meister © Herwig Tachezi
Junge Meister © Michael Schneider

Grafische Gestaltung
Theresa Hattinger www.thehatdesign.com

Lektorat
Leonore Maurer

Druck
Holzhausen Druck GmbH,
2120 Wolkersdorf, Austria

Bilder
S. 11 + S. 16 – 21 © Alistair Fuller
Alte Meister © Galerie Hochdruck
Junge Meister © bei den KünstlerInnen

Gedruckt auf säurefreiem, chlorfrei gebleichtem Papier
Mit 88 Abbildungen.

Bibliografische Information der Deutschen Nationalbibliothek
Die Deutsche Nationalbibliothek verzeichnet diese Publikation in der Deutschen Nationalbibliografie; detaillierte bibliografische Daten sind im Internet über http://dnb.d-nb.de abrufbar.

ISSN1866-248X
ISBN 978-3-99043-648-6